INDIA FOLK ART

DIE KUNST DES EINFACHEN

KREATIVES
GESTALTEN MIT
ALLTAGSMATERIALIEN

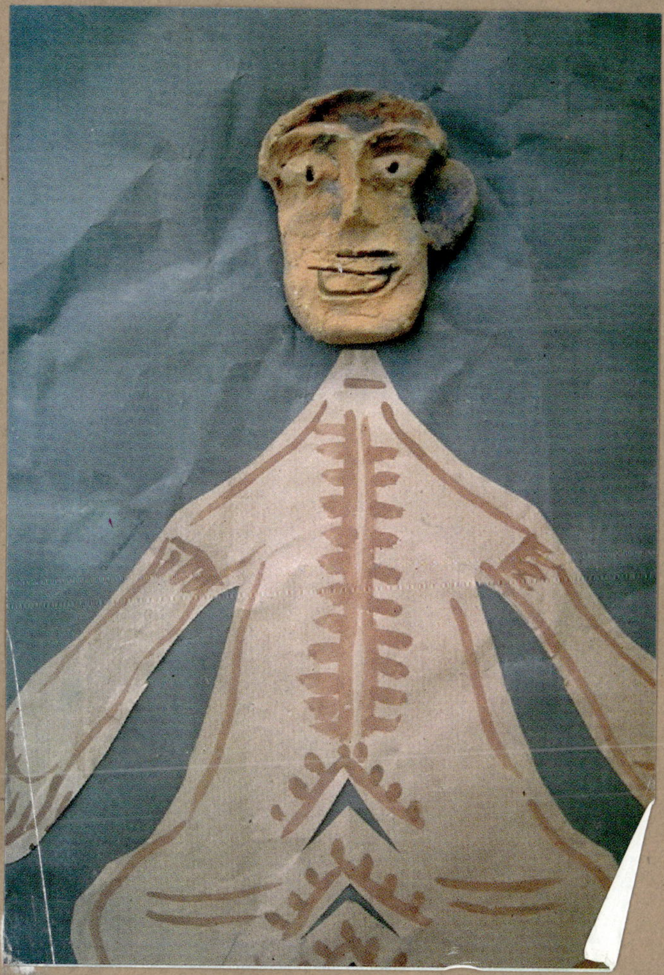

Tarit Bhattacharjee

Aufgeschrieben von
Kanchana Arni
und
Gita Wolf

Aus dem Englischen von
Verena Jung

Verlag an der Ruhr

Impressum

Titel

India Folk Art - die Kunst des Einfachen.
Kreatives Gestalten mit Alltagsmaterialien

Titel der indischen Originalausgabe

Child Art With Everyday Materials
© 1996 Tara Publishing
20/GA Shoreham, 5th Avenue
Besant Nagar, Madras 600090, Indien

Autor

Tarit Bhattacharjee
aufgeschrieben von Kanchana Arni und Gita Wolf

Reproduktionen

Helmut Wolf

Übersetzung

Verena Jung

Redaktion

Bea Herrmann

Produktion

Tara Publishing, Madras, Indien

Verlag

Verlag an der Ruhr
Postfach 10 22 51, D-45422 Mülheim an der Ruhr
Alexanderstr. 54, D-45472 Mülheim an der Ruhr
Tel.: 0208/49 50 40, Fax: 0208/495 04 95

ISBN 3-86072-291-3

Kreativität ohne Grenzen

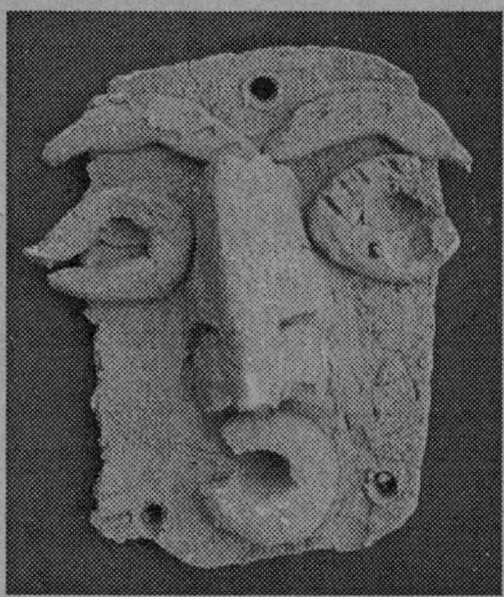

Dieses Buch behandelt Philosophie und Praxis von Kunst für Kinder, wie ich sie als Lehrer an der Schule der Krishnamurthi Stiftung in Madras (Indien) unterrichtet habe. Alle hier abgebildeten Kunstwerke sind Arbeiten meiner SchülerInnen.

Mein Ansatz ist nicht der eines professionellen Kunstunterrichts, um Professionalität geht es mir nicht. Ich unterrichte jedes Jahr etwa 300 Kinder und ich lehre seit zehn Jahren. Von meinen SchülerInnen hat kaum jemand die Kunst zum Beruf gemacht. Was also ist die Grundlage meines Kunstunterrichts?

Mir geht es darum durch Kunst eine kreative Umgebung zu schaffen. Ein kreativer Mensch langweilt sich nie, er kann sich aus seiner eigenen Vorstellungskraft Energie und Anregung holen. Darum brauchen Kinder eine sichere kreative Grundlage um zu selbständig denkenden Erwachsenen heranreifen zu können.

Meine Arbeit mit den Kindern muss im Kontext der erzieherischen Vorstellungen unserer Schule verstanden werden. Wir regen die Kinder zu Aktivitäten und Handlungen an, durch die sie ein Bewusstsein für die Umwelt und für die Welt, in der wir leben, entwickeln. Unserer Philosophie entspricht es, Originalität und selbständiges Denken zu fördern. Des Weiteren gehört zu unserer Einstellung eine kritische Hinterfragung der Medien. Wir wollen nicht zum Vergleich auffordern - es gibt bei uns keine Wettbewerbe. Statt dessen betonen wir in unserer Lehre Einfachheit und Natürlichkeit. Die Kunst hat bei uns einen sehr hohen, einen zentralen Stellenwert, sowohl in den theoretischen als auch in den künstlerischen Fächern.

Die Schule hat mir über die Jahre hinweg immer freie Hand bei der Entwicklung meiner Unterrichtsmethode gelassen. Diese Freiheit hat es mir ermöglicht einen eigenen Ansatz zu entwickeln. Es gab keinerlei Vorgaben oder Einschränkungen in Bezug auf meinen Kunstunterricht.

Ich bin fest davon überzeugt, dass Kunst im Leben jedes Kindes - und jedes Erwachsenen - einen wesentlichen Platz hat. Gerade in unserem modernen Leben mit seinen streng strukturierten Erziehungsformen bietet eigentlich nur die Kunst und der Kunstunterricht einen Rahmen, in dem eigene Ansichten und Sichtweisen vorgebracht werden können. Dies ist ein Teil der Selbstdarstellung. Es gibt darin keine richtigen oder falschen Antworten, Beurteilungen sind nicht möglich. Es steht jedem frei seine eigene Weltsicht auszudrücken und die eigene Phantasie zu entdecken.

Gerade deshalb sollte meiner Meinung nach Kunst eine zentralere Funktion in der modernen Erziehung haben. In meinen Kursen wird daher kein Druck auf

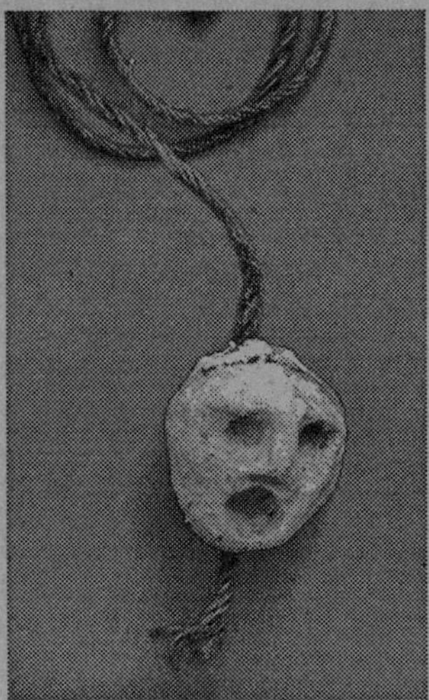

die Kinder ausgeübt eine Arbeit schnell anzufangen oder schnell fertigzustellen. Die Atmosphäre ist entspannt, verspielt, manchmal sogar chaotisch. Von den Kindern wird nicht erwartet, dass sie Porträts oder Landschaften malen. Sie müssen auch nicht systematisch verschiedene Materialien und Techniken durcharbeiten. Wir reden kaum über abstrakte Konzepte wie Perspektive o. ä. Manchmal sprechen wir über traditionelle Kunst oder sehen uns Bilder großer Meister an. Aber nicht sehr oft und nie sehr lange. Die Kinder langweilen sich schnell oder sie verzweifeln beim Gedanken Leonardo da Vinci entsprechen zu müssen. Vergleich und Nachahmung lähmen die eigene Kreativität.

Meine Art des Kunstunterrichts hat sich vor allem aus der Beobachtung der Kinder ergeben, wie auch aus den künstlerischen Traditionen, die mich in meiner Kindheit geprägt haben. Ich sehe eine größere Herausforderung darin Kunst aus der Sichtweise der Kinder selbst zu entwickeln, als sie mit Hilfe von abstrakten Vorbildern formen zu wollen. Man könnte auch sagen, dass die Kinder mich Kunst gelehrt haben. Sie sind spontan, unruhig, verspielt und sie lieben das Chaos. Sie mögen unerwartete und überraschende Einfälle. Sie beobachten und experimentieren von Natur aus gerne. Ihre Arbeiten sind originell, unvoreingenommen und sie schrecken vor keinem Thema zurück. Kinder wollen in ihren Arbeiten Wirklichkeit abbilden, sie wollen nicht abstrakt sein. Sie stellen die Wirklichkeit so dar, wie sie sie sehen. Auf dem direkten Weg zu diesem Ziel machen sie sich keine Gedanken um Stil, Techniken oder Originalität, ihre Arbeiten gleichen darin einigen Formen von Folk Art.

Kinder lassen sich rasch entmutigen, wenn ihre Arbeiten nicht ihren eigenen Erwartungen entsprechen. Darum ist es sehr wichtig keine Vorgaben zu machen. Ich will nicht, dass die Kinder verzweifelt arbeiten. Ich möchte nicht noch mehr Druck auf die heutzutage ohnehin schon sehr belasteten Kinder ausüben. Es soll kein Druck, keine gespannte Atmosphäre, kein Konkurrenzdenken oder gar Konkurrenzangst aufkommen. Kunst sollte niemals frustrieren oder Abwehrreaktionen auslösen. Dazu ist sie viel zu positiv. *Im Grunde existieren in der Kunst keinerlei Regeln.* Wenn man das akzeptiert, erlebt man Freiheit. Meine Kurse sind deshalb eher experimenteller Natur, sie basieren auf keiner vorgegebenen Struktur.

Dennoch habe ich natürlich meine eigenen Ansichten, nach denen ich die Kinder anleite. Diese sind jedoch nicht durch eine bestimmte Schule vorgegeben oder vorgeprägt. Jedes einzelne Kind wird anders betreut oder geleitet, denn ich habe als Kunstlehrer die Möglichkeit die Persönlichkeit meiner SchülerInnen kennenzulernen. Ein ruhiges, schüchternes Kind werde ich vielleicht dazu auffordern sich unter einen Baum zu setzen, sich alle Einzelheiten genau einzuprägen und langsam und sorgfältig zu arbeiten. Ein unruhiges Kind dagegen braucht ein Ventil für seine Energie, zum Beispiel große, kühne Pinselstriche, bunte Farben und schnell anzuwendende Techniken. Manchmal kann man durch die Aufgabenstellung auch neue Entdeckungen in Bezug auf die Persönlichkeit der Kinder machen. Am wichtigsten aber ist es die Fähigkeiten und Veranlagungen eines Kindes zu erkennen und ihm dementsprechende Aufgaben zu geben. Jeder Mensch hat das Bedürfnis sich auszudrücken. Auch unruhige und sogar gewalttätige Kinder können sich durch kreative Arbeit entspannen und Spaß daran finden.

In gewisser Weise sehe ich Kunst auch als Therapie an. Kinder werden heutzutage stark durch das Fernsehen und andere Medien beeinflusst. Überall herrscht Gewalt. Es hat keinen Sinn diese Einflüsse ignorieren oder beschränken zu wollen. Der Kunstunterricht kann jedoch ein Raum sein, in dem sich die Kreativität über das Chaos und die Hässlichkeit erhebt.

Einmal sah ich zum Beispiel einer Gruppe von fünf Jungen zu, die alle nur Schwerter, Messer und Gewehre gestalteten. Ich ließ sie ruhig weitermachen. Nach einer Weile fragte ich sie jedoch, ob sie denn in ihrem Kunstwerk keine anderen Formen "sehen" könnten. Ein Kind begann daraufhin Gesichtszüge hinzuzufügen und es entstand eine Maske.

Ein weiteres Resultat des Medieneinflusses sind Klischees und Stereotypen. Ich habe viele Kinder, die immer nur Mickymaus malen wollen. Ich versuche ihnen dann beizubringen, dass dies ein Bild von jemand anderem ist. Wo ist ihr eigenes Bild?

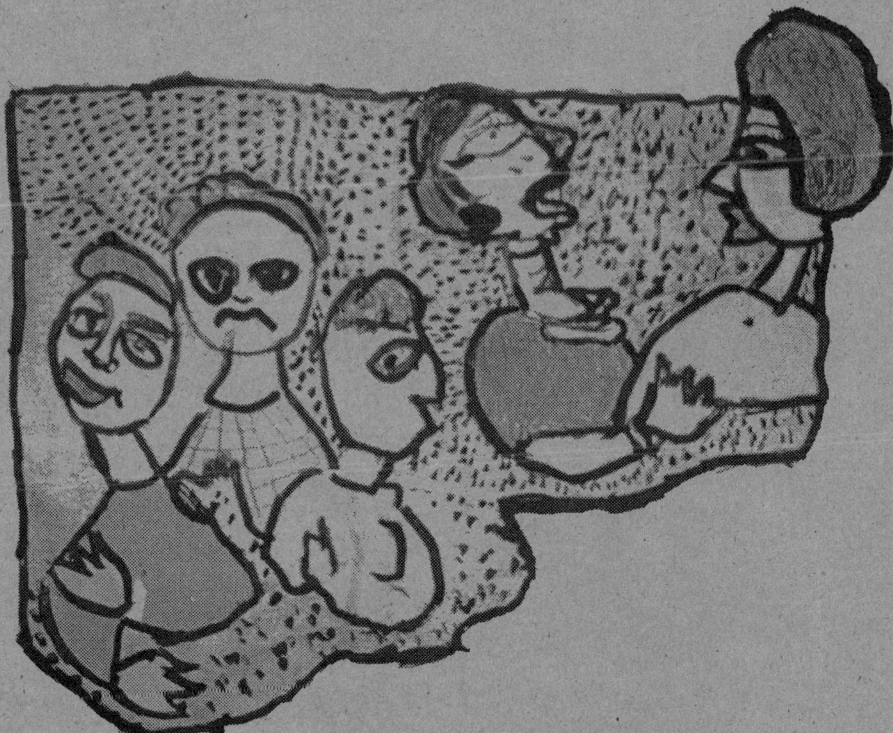

Wir haben eine reichhaltige Grundlage von traditioneller Folklore, Kunst der Naturvölker und Stammeskultur, aus der wir Inspiration schöpfen können, anstatt uns stereotype und konformistische Bilder aus den Medien zu holen.

Den Folklore-Traditionen kommt insofern eine besondere Bedeutung zu, als sie einfache, natürliche Materialien als künstlerische Ausdrucksform nutzen. Gerade dies ist für die privilegierten, konsumorientierten Kinder von heute sehr wichtig, denn heute wird einfachen Materialien kein Wert mehr beigemessen. Kunstmaterialien sind meist vorgefertigt und sehr teuer. Aber wozu brauchen wir das überhaupt? Kunst verlangt nicht nach komplizierten Materialien. Man kann Kindern gerade dadurch Respekt für einfache, natürliche Materialien einflößen, dass man sie in ihrer Umgebung nach Material suchen lässt und sie auffordert möglichst Gebrauchsgegenstände kreativ wiederzu-verwenden. *Kunst muss aus den Materialien entstehen, die uns zur Verfügung stehen.* Auf diese Weise werden Kinder angeregt, ihre Umgebung auch nach dem Kunstunterricht noch sorgfältig zu beobachten und über die kreativen Möglichkeiten der Gegenstände, mit denen sie alltäglich zu tun haben, nachzudenken. Diese Grundge-danken prägen meinen Kunstunterricht, darüber hinaus gibt es noch ein paar prinzipielle Vorgehensweisen, auf denen meine praktischen Anwendungen basieren.

Ich versuche, bewusst einige eingefahrene Verhaltensweisen aufzubrechen, so zum Beispiel die Gewohnheit immer mit einem weißen Blatt Papier anzufangen. Ich leite auch nicht dazu an Instrumente wie Zirkel, Lineal oder auch Radiergummis zu benutzen. Spontane und zufällige Ergebnisse sind sehr wertvoll. Außerdem ist es wichtig die Barriere des "Ich kann nicht malen" zu durchbrechen. Auch Kinder, die nicht gerne malen oder zeichnen, können immer noch wundervolle Kunstwerke schaffen. Für mich gibt es auch keine strikte Trennung zwischen "Kunst" und "Handwerk", was im Laufe des Buchs immer wieder deutlich werden wird.

Das Buch ist in verschiedene konzeptuelle Blöcke gegliedert und entsprechend in Kapitel unterteilt, dennoch gibt es verschiedene Arbeitsbeispiele, die sich nicht so einfach in eine Kategorie einordnen lassen. Die Blöcke sind auch nicht nach Altersstufen gegliedert, was beweist, dass jedes Kind zu jeder Zeit aus allem ein Kunstwerk machen kann.

Letztendlich kann Kunst nicht gelehrt werden. Sie entsteht aus Einflüssen, denen man ausgesetzt war, aus aktiver Bemühung und Erfahrung. KunstlehrerInnen können nur einige Hilfestellungen geben, die den kreativen Funken in jedem von uns lebendig werden lassen. Vielleicht kann dieses Buch eben dies für Sie tun.

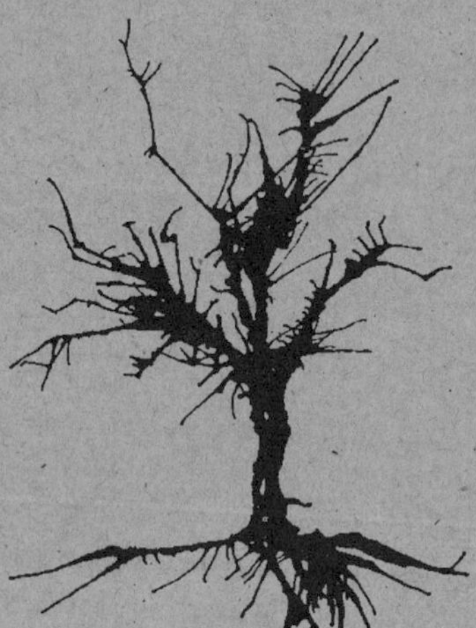

Tarit Bhattacharjee.

im Gespräch mit Kanchana Arni und Gita Wolf

im Februar 1996.

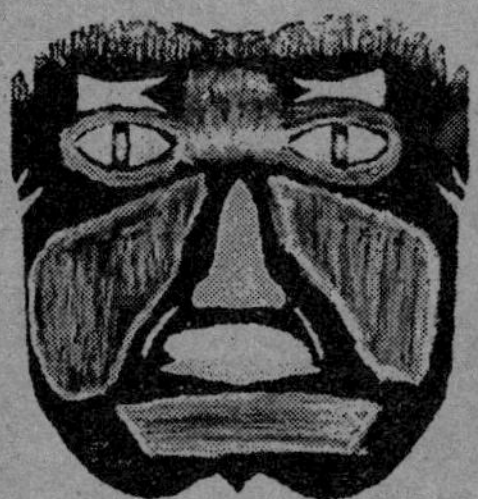

Zwischen Philosophie und Praxis: Worum es in diesem Buch geht

Als wir zum ersten Mal in Tarits Klassenzimmer kamen, waren wir überwältigt von den vielen kreativen Arbeiten, die überall zu sehen waren. Wie hatten die Kinder nur solche außergewöhnlichen Kunstwerke erschaffen können?

Dies wurde für uns zu einer zentralen Frage, die uns über ein Jahr lang beschäftigen sollte, und die schließlich zu diesem Buch führte. Wir sahen Tarit beim Unterricht zu und diskutierten endlos mit ihm über seine Methode. Wir beobachteten einzelne Unterrichtsstunden und hielten den Verlauf schriftlich fest. Da wir selbst eine konventionelle Kunsterziehung genossen hatten, faszinierte uns seine ungewöhnliche Methode ganz besonders. Sie eröffnete uns den Blick auf eine Welt der Kreativität ohne Grenzen.

Tarits Perspektive ist holistisch, sie kombiniert eine philosophische Grundsicht mit praktischen Maßnahmen. Es ging in seinem Unterricht nicht mehr darum ein Pferd abzuzeichnen oder einen Apfel rot auszumalen. Es ging auch nicht darum ein Thema zu illustrieren. Es waren keine besonderen Fähigkeiten und keine teuren Materialien nötig. Es gab überhaupt keine Regeln. Und obwohl seine Methode im Umfeld einer alternativen Erziehungsphilosophie entstanden war, hat sie doch überall Gültigkeit. Kreativität hat ihren Platz im Leben jedes Menschen.

Je länger wir uns damit beschäftigten, desto mehr kam auch das Kind in uns wieder zum Vorschein und wir wollten Tarits Methoden unbedingt selbst ausprobieren. Wir begannen bald selbst, uns Aufgaben zu stellen und diese neue Freiheit zu genießen. Aber wie könnte man anderen diese Erfahrung weitergeben?

Es dauerte über ein Jahr, bis wir unser Material gesichtet hatten und uns einen Weg überlegt hatten, wie wir es weitergeben könnten. Die Hauptschwierigkeit war dabei, den Ansatz zu systematisieren ohne ihn zu vereinfachen. Natürlich gibt es fließende Übergänge zwischen den einzelnen Kategorien. Vereinfacht könnte man sagen, dass wir bemüht waren, ein Gleichgewicht zwischen Philosophie und Praxis herzustellen ohne dabei die Einfachheit und Direktheit der Methode aus den Augen zu verlieren.

Das Buch funktioniert auf verschiedenen Ebenen:

- Es kann KunstlehrerInnen auf allen Ebenen als Lehrbuch dienen. Gleichzeitig dokumentiert es eine besondere, alternative Erziehungsform.

- Es kann auch als Arbeitsbuch für Erwachsene und Kinder dienen, die mit Kunst experimentieren wollen. Kinder, die dieses Buch alleine nutzen wollen, können

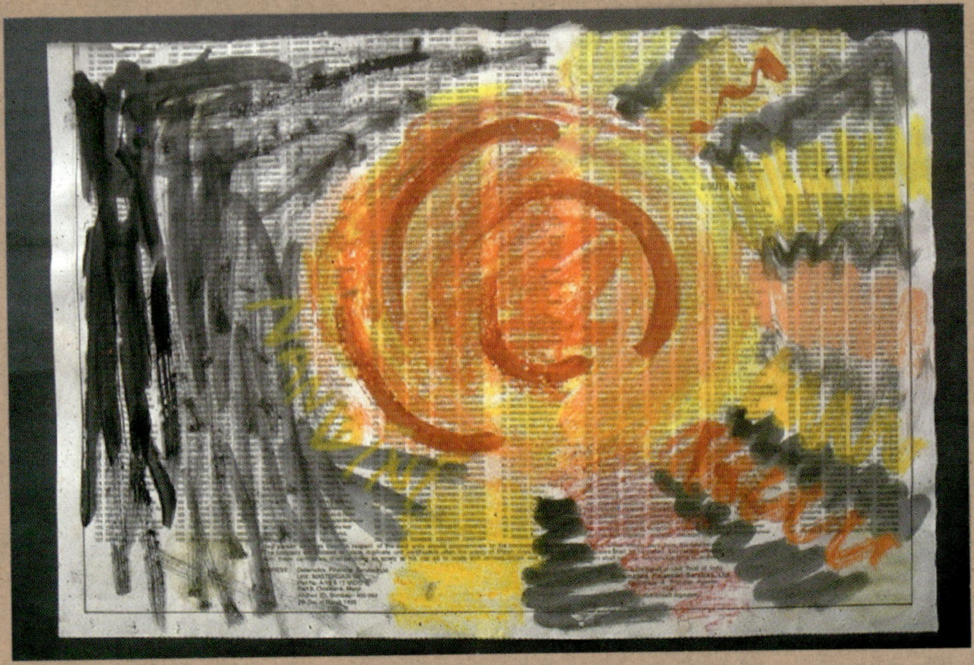

dabei ruhig direkt mit den Aufgabenstellungen anfangen. Wir haben die Anleitungen möglichst einfach formuliert, diese müssen jedoch natürlich nicht unbedingt haargenau befolgt werden. Den Variationen und Weiterverarbeitungen sind keine Grenzen gesetzt. Jüngere Kinder können sich an einfacheren Versionen von Aufgabenstellungen ver-suchen, während Ältere vielleicht auch darüber hinaus weiter experimentieren möchten.

- Mit Hilfe einiger abstrakter Konzepte, die wir in diesem Buch formuliert haben, wollen wir auch allgemeine Hinweise zur Weiterentwicklung der kreativen Vorstellungskraft geben.

- Schließlich will dieses Buch auch eine Hommage an die Kunst der Kinder sein, eine einzigartige Sammlung von Dokumenten, die beweist, welche außerordentliche kreative Kraft in allen Kindern steckt.

Die in diesem Buch abgebildeten Kunstwerke verdienen, als solche gewürdigt zu werden. Gleichzeitig sollen sie jedoch auch dazu auffordern es selbst zu versuchen. Jeder Mensch ist künstlerisch begabt.

Gita Wolf
Kanchana Arni
im Februar 1996

Wir bedanken uns bei der Schule der Krishnamurthi Stiftung in Madras (Indien) für die großzügige Unterstützung unseres Projektes und für die Erlaubnis Kunstwerke von Kindern der Schule in diesem Band zu reproduzieren. Dies ist mehr als eine formelle Danksagung, denn wir wurden hier direkt mit neuen Erziehungsformen konfrontiert, die ernsthafter Natur und doch spielerischer Art sind. Wir sind dankbar, nicht nur für die ohne bürokratische Einwände erteilte Erlaubnis am Unterricht teilzunehmen, sondern auch für die herzliche Aufnahme, die ein hervorstechendes Merkmal dieser Schule ist. Diese Herzlichkeit hatte großen Anteil an unserer Freude an diesem Projekt.

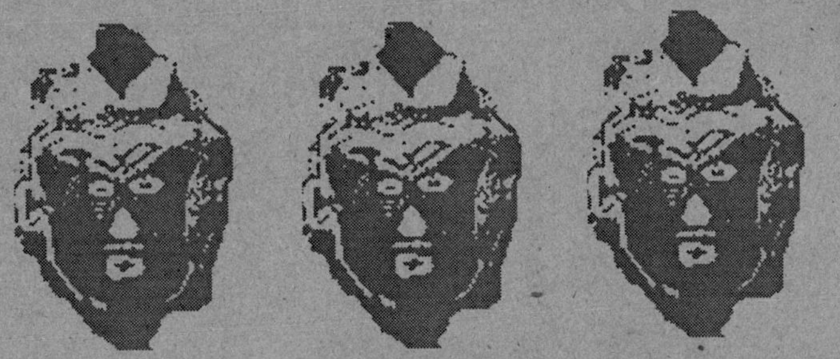

INHALT

Kreativität ohne Grenzen 3
Zwischen Philosophie und Praxis:
Worum es in diesem Buch geht 7

LINIEN UND MUSTER 11
Umrisse von Händen und Füßen 13
Linien verändern Formen 14
Erst bunt bemalen 15
Ideen für Muster sammeln 16

FARBE 17
Einfarbigkeit 19
Schwarzmalerei 20
Mit Blumen malen 21
Mit Hintergrund experimentieren 22

RAUM UND FORM 23
Figuren ausschneiden 25
Masken 26
Ein großes Bild gestalten 27
Miniaturen 28
Senkrechte und waagerechte
Bildräume 29
Bilderrollen 30

STRUKTUREN UND ABDRÜCKE 31
Abdrücke und Eindrücke 33
Wände zum Bemalen 34
Zeichnen in Lehm 35
Wechselbilder 36
Regentag 37
Blätterabdrücke 38
Mattenabdrücke 40

DREIDIMENSIONALE
FORMEN 41
Schneckenrollen 43
Tonplatten 44
Zylinder 45
Tonelefanten 46
Tonköpfe 47
Zylindermasken 48
Handpuppen 50
Mehrere Schichten 51
Papierskulpturen 52

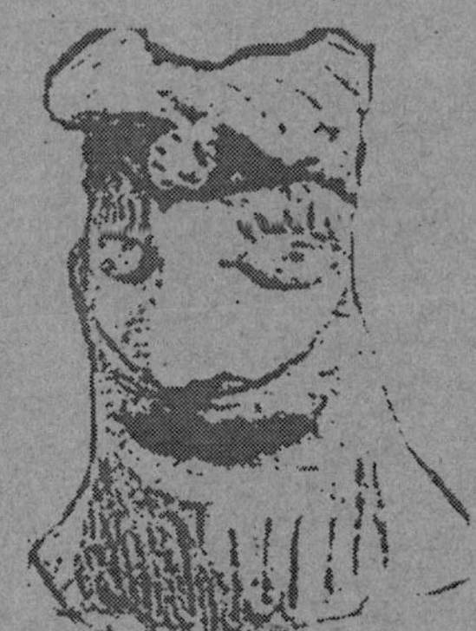

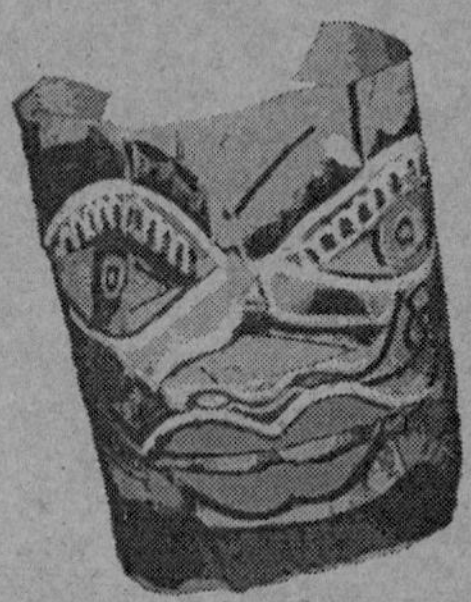

KOMBINIEREN UND GESTALTEN 53
Collage 55
Stück für Stück zusammensetzen 56
Mit Illustrierten arbeiten 57
Geister 58
Bildgestaltung mit verschiedenen Farbtönen 60

ENTDECKEN UND VERWANDELN 61
"Misslungene" Bilder 63
Magische Verlagerungen 64
Eine Leinwand basteln 65
Zeitungsstäbe 66
Szenen gestalten 67
Hüpfspiel 68
Lehm und Stroh 69
Strohpferde 70
Topfkunst 71
Kunst kreativ ausstellen 72
Mit Kunst durchs Jahr 73

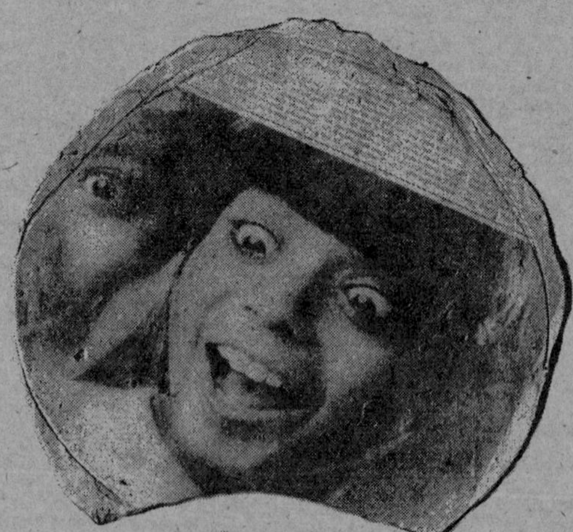

Linien und Muster

Linien findet man überall - angefangen bei den Buchstaben des Alphabets bis hin zu Abmessungen. Die Linie ist aber auch eines der Grundelemente der Kunst. Sie definiert einen Raum und lässt somit eine Komposition entstehen.

Eine Linie beginnt bei einem Punkt auf einem Blatt Papier und führt bis hin zu komplizierten Zeichnungen. Kinder spielen ganz natürlich mit Linien - sie kritzeln auf Wände und zeichnen Linien in den Staub.

Muster haben in unserem alltäglichen Leben eine große Bedeutung. In ländlichen Gegenden Indiens gestalten die Frauen Muster mit Reispuder auf den Vorplätzen ihrer Häuser. Traditionelle, volkstümliche Kunstrichtungen verwenden Ornamente und Muster auf ihre jeweils besondere Art.

Diese Traditionen haben die Möglichkeit der Verwendung von Mustern in der Kunst angeregt. Solche Vorbilder können die Planung, Auswahl und Anordnung von Kompositionen unterstützen, in denen Muster und Ornamente verwendet werden.

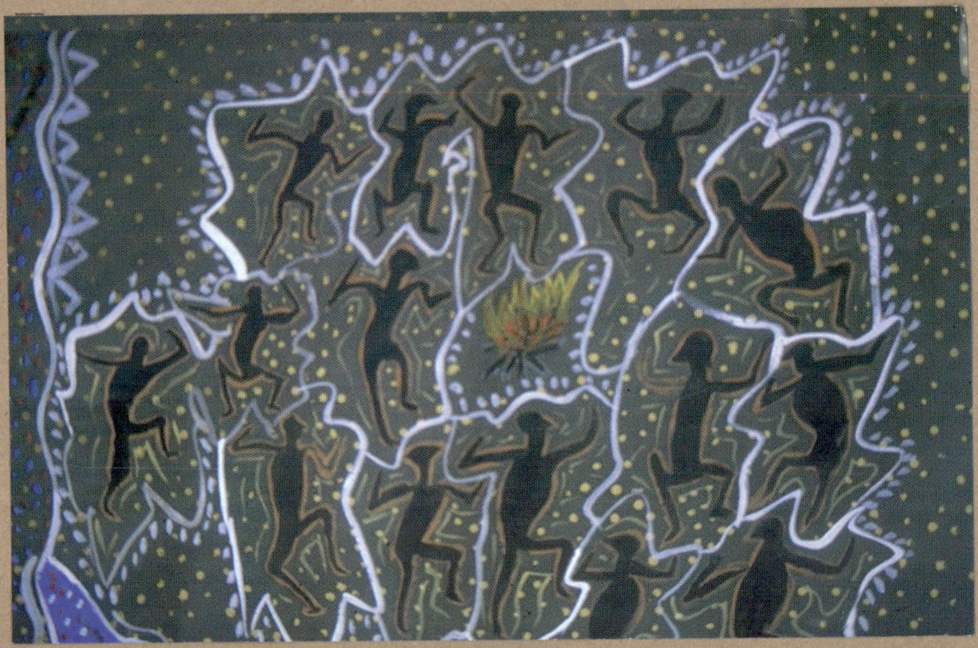

Umrisse von Händen und Füßen

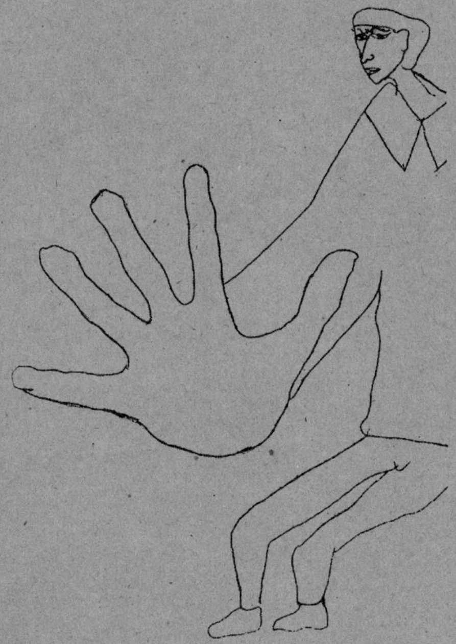

Benötigte Materialien

Weißes Papier, Filzstifte oder Buntstifte.

So geht es

- Eine Hand legt ihr mit der Handfläche nach unten auf das Papier.
- Mit einem Filzstift zeichnet ihr die Handumrisse nach.
- Jetzt könnt ihr euch die so entstandenen Räume innerhalb und außerhalb des Umrisses anschauen.
- Wie könntet ihr sie weiterentwickeln?

Varianten

- Versucht einmal einen Fußumriss zu zeichnen.
- Ihr könnt euch sogar selbst auf ein großes Stück Papier legen und einen Freund bitten um euch herum zu malen. Wie kann man daraus ein Bild machen?
- Überlegt euch noch andere Gegenstände - Eisstiele, Löffel oder Schachteln - deren Umrisse ihr abzeichnen könntet. Ihr könnt die einzelnen Gegenstände verschieden platzieren oder auch verschiedene Umrisse zu einem großen Bild kombinieren.
- Versucht einmal mit zittrigen oder welligen Linien zu umranden.

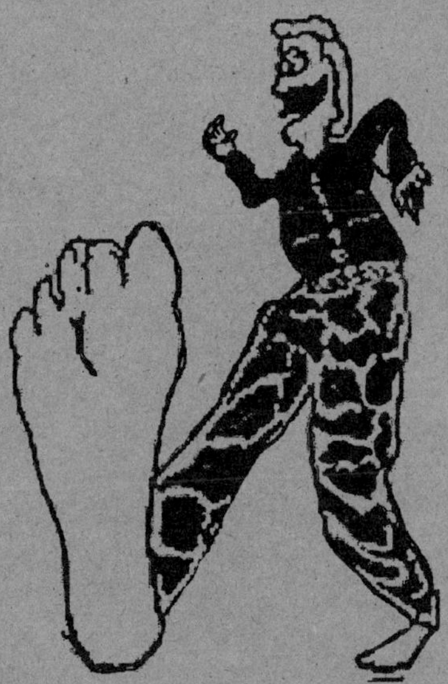

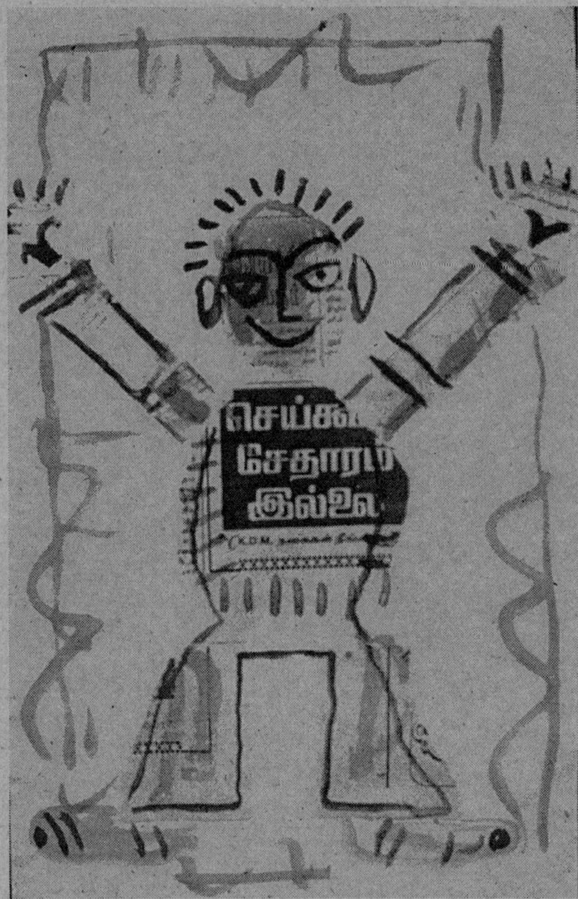

Linien verändern Formen

Manchmal ist es schwierig ein Bild anzufangen. Zufällig entstandene Formen wecken Assoziationen. Linien verwandeln diese Assoziationen in Kunstwerke.

Benötigte Materialien

Zeitungen, Klebstoff, weißes Papier, Farben, Pinsel.

So geht es

- Reißt Zeitungspapier in beliebig große Schnipsel.
- Klebt diese auf ein Stück weißes Papier.
- Was fällt euch beim Anblick dieser Figuren ein? Was könntet ihr daraus machen?
- Umrandet die Umrisse mit schwarzer Plakatfarbe.
- Vervollständigt das Bild mit Linienzeichnungen.

Varianten

- Vielleicht verwendet ihr auch einmal Illustrierte, braunes oder buntes Papier.

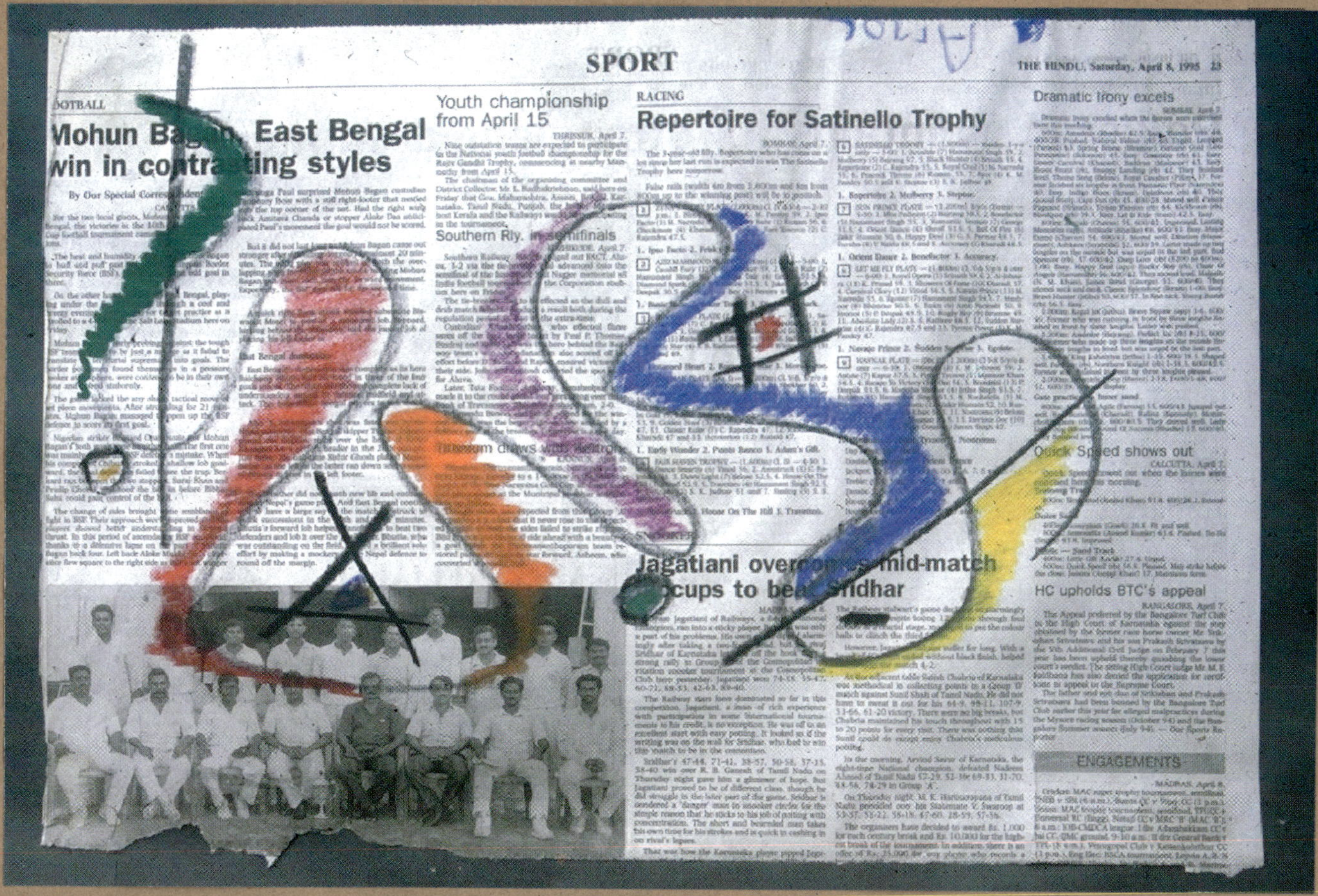

Erst bunt bemalen

Kinder zeichnen in der Regel erst Figuren und malen sie dann aus. Damit die Bedeutung der Linie, ihre Fähigkeit Formen zu bilden, stärker zum Vorschein kommt, kann man einmal umgekehrt vorgehen. Das Blatt wird erst bunt angemalt und dann werden die Linien eingezeichnet, die das Bild gestalten.

Benötigte Materialien

Weißes Papier, Buntstifte, schwarze Filzstifte.

So geht es

- Deutet mit der flachen Seite eines Buntstiftes eine Figur an - es kann eine menschliche Gestalt sein oder ein Dinosaurier, ein Baum, ein Tier, ein Vogel oder ein Haus.
- Umrandet die Figur dann mit schwarzem Filzstift.

Varianten

- Probiert aus, wie es mit einer zittrigen oder welligen Umrandung aussieht.

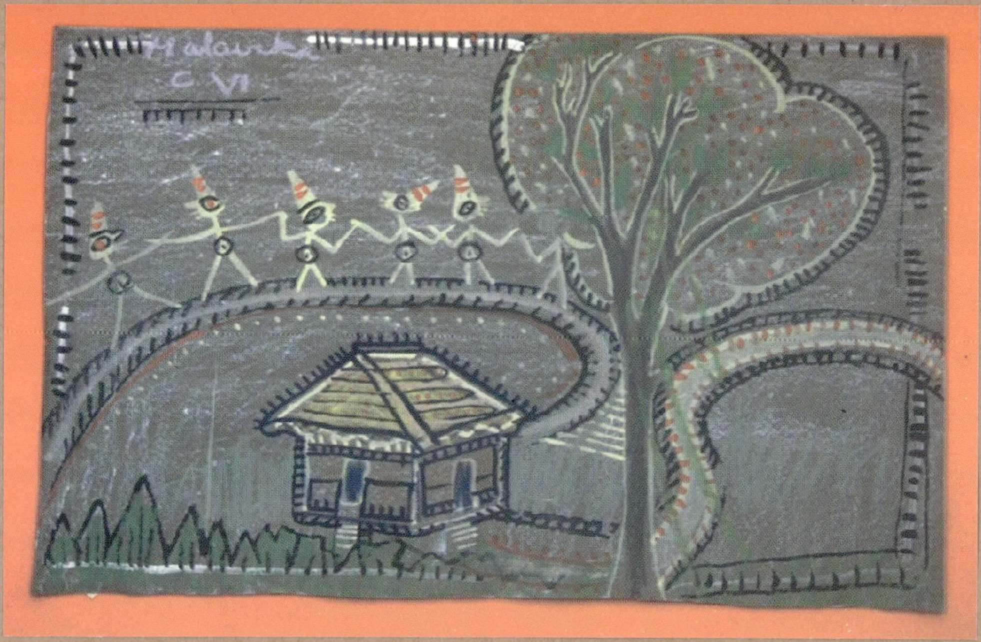

Ideen für Muster sammeln

Dies ist eine einfache Methode, mit der selbst sehr kleine Kinder eine Bildkomposition planen können. Sie können dabei lernen Muster als Werkzeuge und Elemente für kreatives Gestalten zu verwenden.

Benötigte Materialien

Papier, Buntstifte oder Farben, Pinsel.

So geht es

- Genauso wie man für den Hausbau Material wie Steine, Zement, Holz oder Ziegel benötigt, kann man auch für ein Bild verschiedene Elemente nutzen.
- Legt euch eine Sammlung von Musterelementen an, wie zum Beispiel

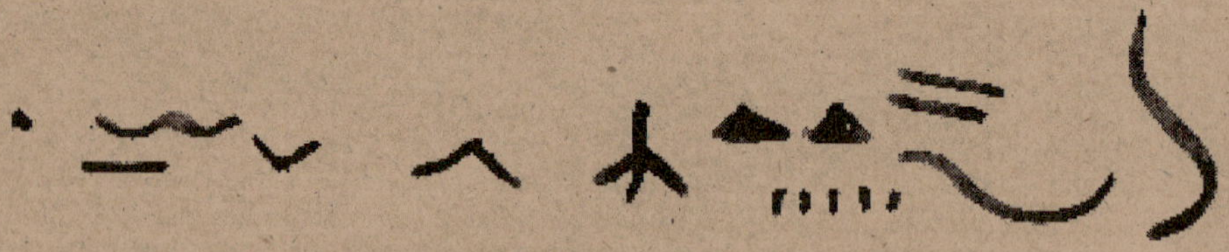

- Sucht eines der Elemente aus, zum Beispiel einen Punkt, und verwendet es dann auf unterschiedliche Weise auf einem Zeichenblatt.
- Macht dasselbe mit den anderen Elementen eurer Sammlung. Die Art und Weise eures Vorgehens bleibt euch überlassen.
- Wenn ihr dann eine Reihe von Mustern auf eurem Blatt entworfen habt, überlegt euch, wie aus diesen Mustern ein Bild gestaltet werden könnte.
- Habt ihr eine Idee? Ist ein Teil des Zeichenblattes vielleicht besonders interessant? Kann dieser Teil vergrößert, angemalt oder weiterentwickelt werden?

FARBE

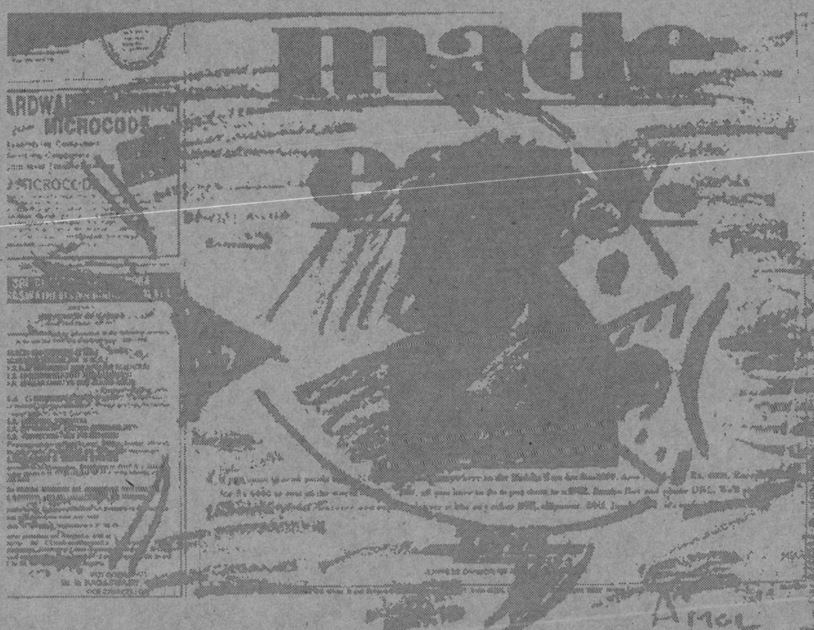

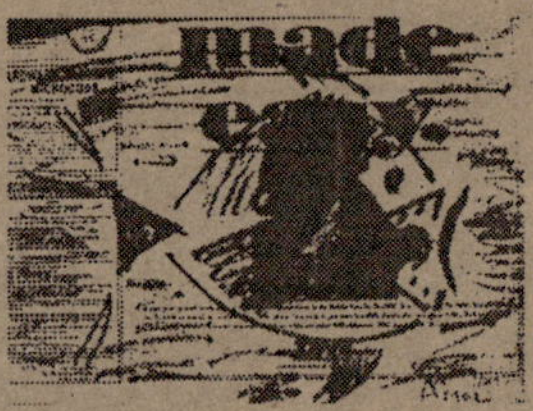 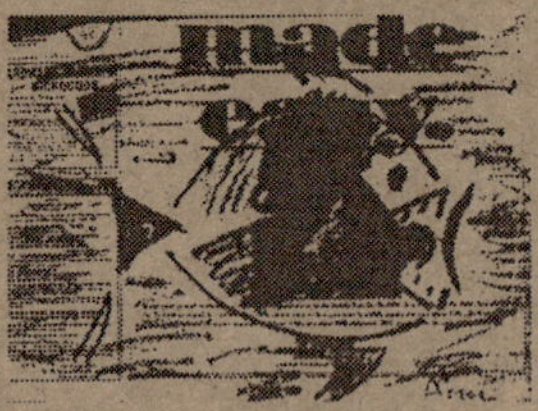 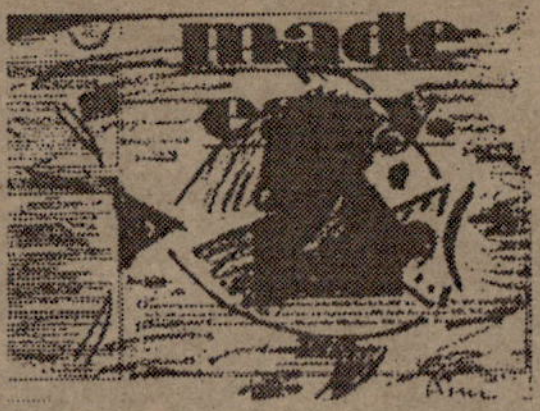

Ein Kunstwerk muss nicht mit einem leeren weißen Blatt anfangen, auf das erst dann bunte Farben kommen. Folk Art z.B. nutzt oft Erdfarben auf Materialien mit Maserungen. Farben wirken unterschiedlich auf unterschiedliche Leute. Kleine Kinder verwenden gerne intensive Grundfarben. Die Beschäftigung mit der Wirkung von Abtönungen und Schattierungen unterstützt die Entwicklung von ästhetischem Empfinden und Reife.

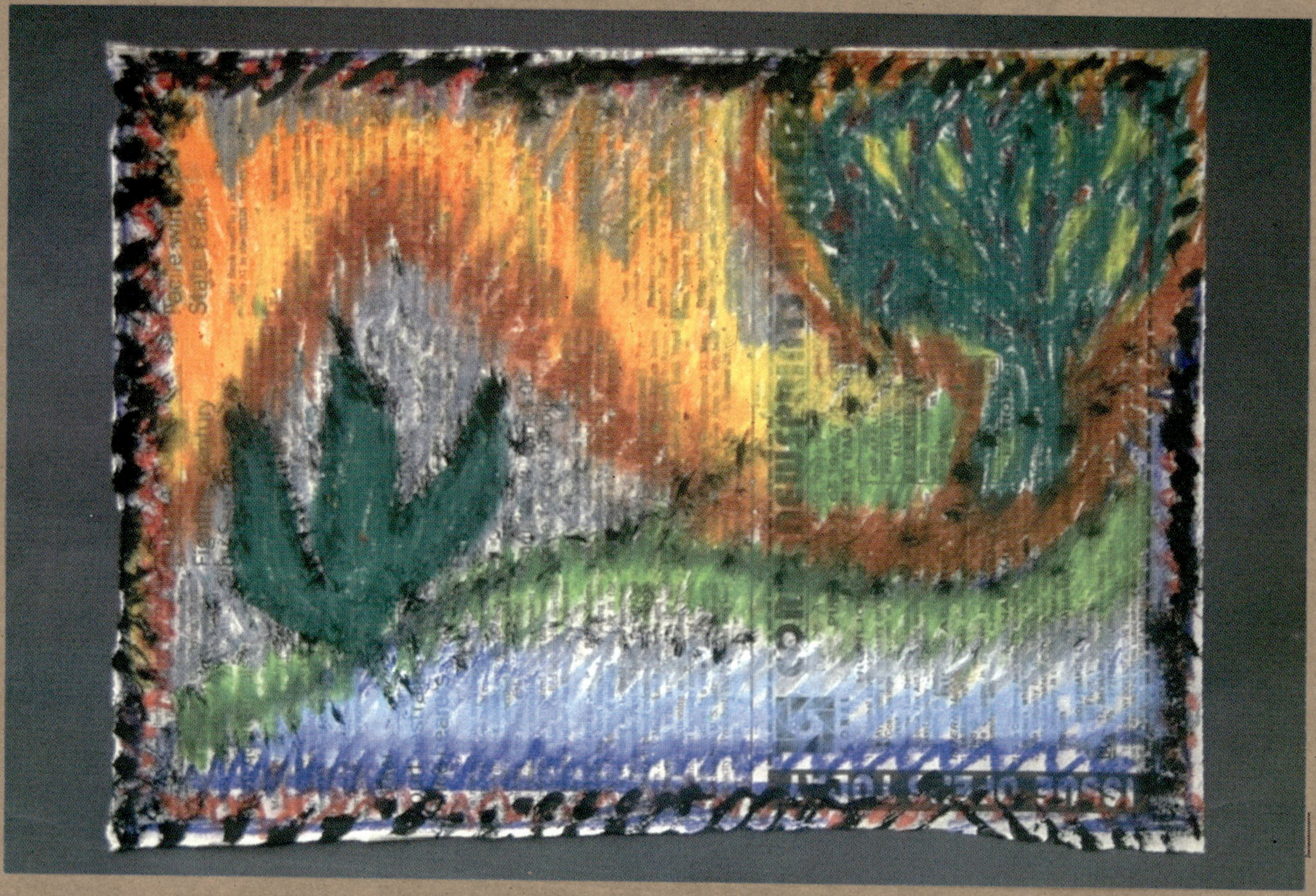

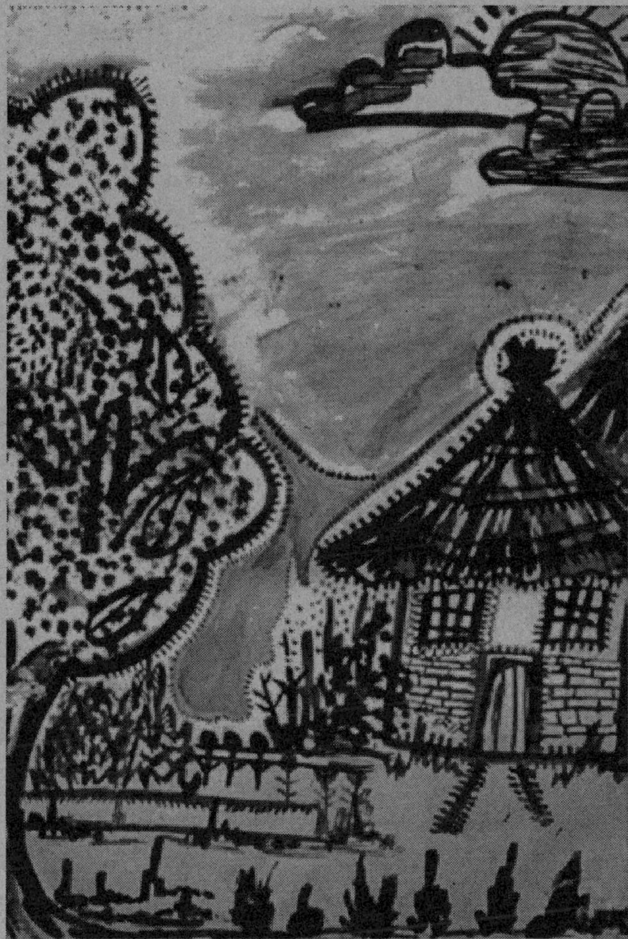

EINFARBIGKEIT

Man kann aus einer Farbe unterschiedliche Schattierungen gewinnen.

Benötigte Materialien

Weißes Papier, schwarze Plakatfarbe, Pinsel, Wasser.

So geht es

- Malt ein Bild mit schwarzen Umrissen.
- Malt einzelne Räume in verschiedenen Schattierungen von schwarz aus, dazu muss man die Farbe unterschiedlich stark mit Wasser verdünnen.
- Verwendet dazu Verzierungen wie Punkte, Striche und Schraffierungen.
- Wie viele verschiedene Formen könnt ihr erkennen? Welche Wirkung haben die verschiedenen Abtönungen und Schattierungen?

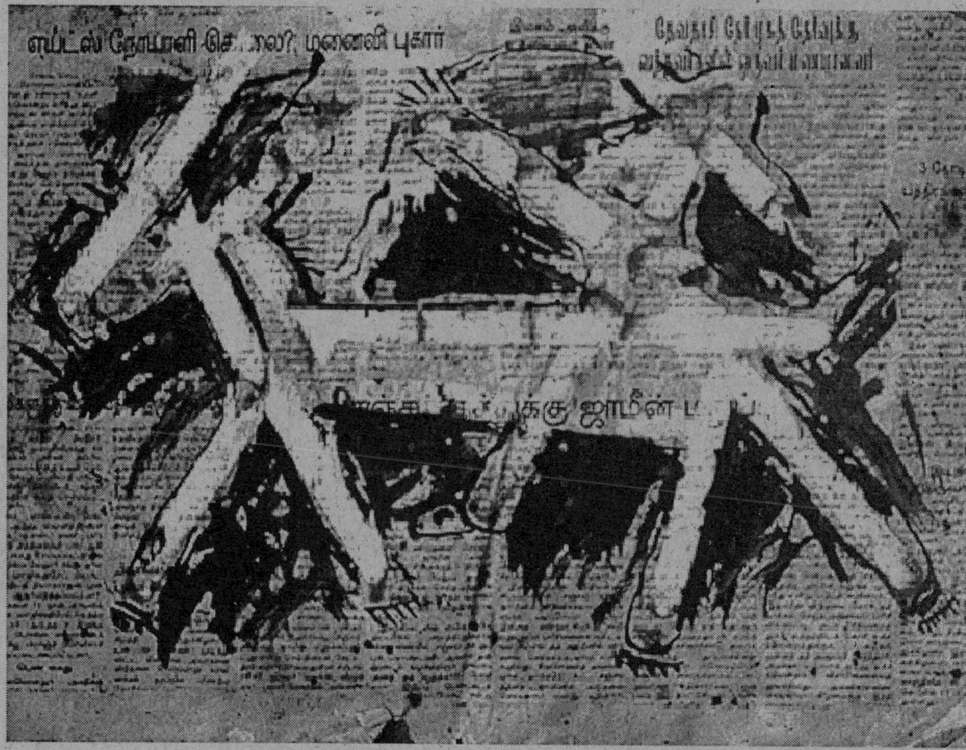

SCHWARZMALEREI

Benötigte Materialien

Zeitungen, Klebeband, Öl, schwarze Plakatfarbe, Pinsel, Wasser.

So geht es

- Schneidet Klebebandstreifen ab und klebt sie auf einen Bogen Zeitungspapier. Man kann sie aufs Geratewohl oder nach einem bestimmten Muster aufkleben.
- Verteilt dann nach Belieben ein paar Öltupfer auf das Papier.
- Taucht das Blatt in verdünnte schwarze Farbe und lasst es danach eine Weile trocknen.
- Jetzt wird vorsichtig das Klebeband entfernt.
- Schaut euch die unterschiedlichen Farbtöne des Bildes an. Wie kann man diese weiterentwickeln?
- Vervollständigt das Bild mit schwarzer Farbe.

Varianten

- Probiert diese Aufgabe mit anderen Farben aus.

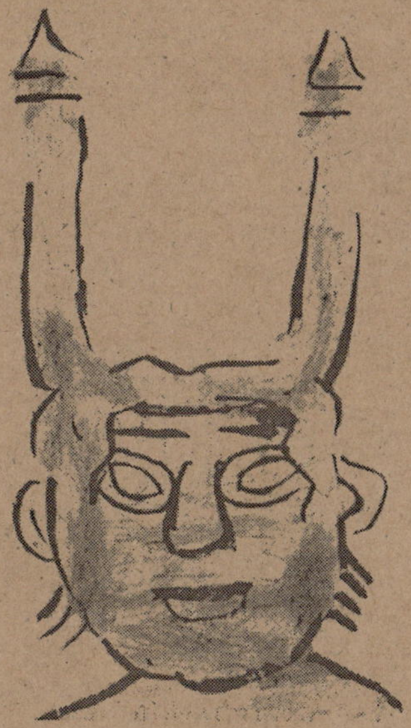

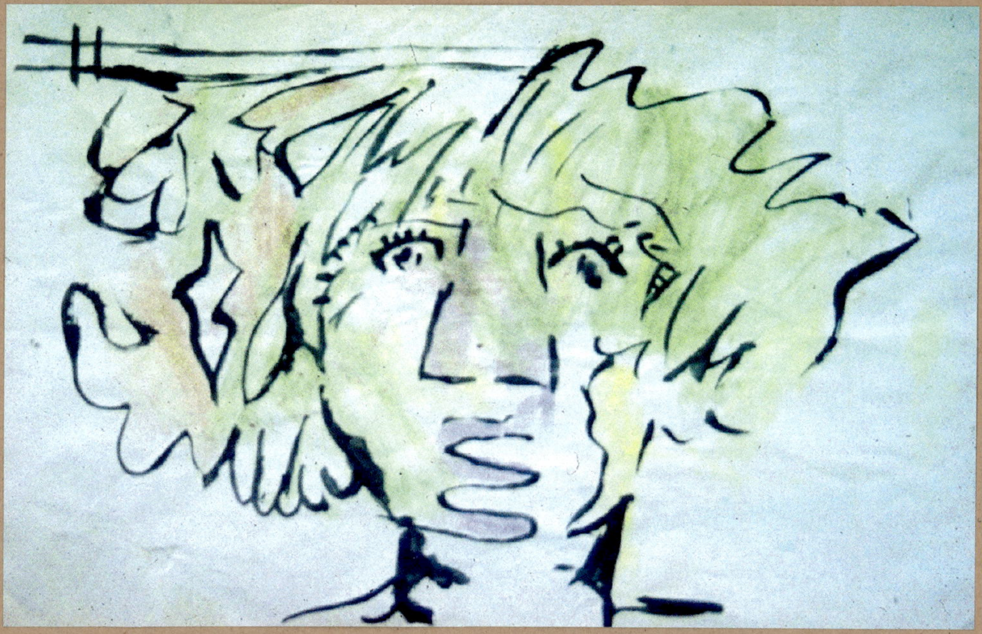

Mit Blumen malen

Braun: Kocht starken Tee. Lasst ihn eine Weile ziehen. Dann abgießen und verwenden.

Grün: Schneidet Blätter in kleine Stücke und lasst sie in heißem Wasser kochen.

Terrakotta: Schleift einen Backstein an einem harten Stein ab und verdünnt das Pulver mit Wasser.

Gelb: Currypulver mit Wasser vermischen.

Orange: Tomatenketchup oder Tomatenmark mit Wasser verdünnen.

Rosa: Rote Beete in Wasser kochen.

Dickungsmittel: Sagokörner in Wasser kochen und verrühren, bis ein dicker Brei entstanden ist. Abkühlen lassen. Damit lassen sich alle Farben verdicken.

Man braucht nicht unbedingt vorgefertigte Farben um ein Bild zu malen. Mit Hilfe von zerdrückten Blättern, Blumen oder Gemüsesorten kann man auf einfache Art Pflanzenfarben herstellen. Diese Farben sind gedeckt und wirken deshalb zurückhaltender als die grellen, chemisch hergestellten Farben. Sie eröffnen uns daher eine Welt von sanften, subtilen Farben.

Benötigte Materialien

Blumen, Blätter, Holzkohle, Tee, Rote Beete oder andere farbige Gemüsesorten, weißes Papier.

So geht es

- Färbt das Papier zunächst einmal mit Tee. Ihr könnt den Tee auch darauf tropfen lassen.
- Zerdrückt Blätter, Blumen und Gemüse, und tragt sie direkt auf das Papier auf.
- Welche Formen seht ihr?
- Zeichnet die Formen mit Holzkohle nach und fügt noch Einzelheiten hinzu.

Mit Hintergrund experimentieren

Farben wirken unterschiedlich auf unterschiedlichem Hintergrund. Hier wird mit schwarzem oder dunklem Hintergrund experimentiert.

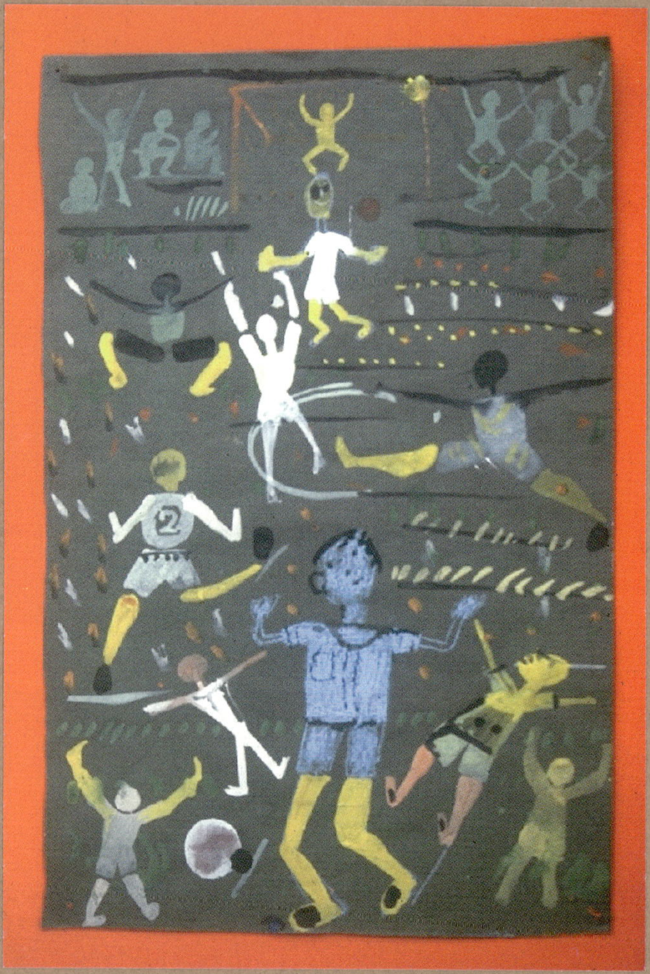

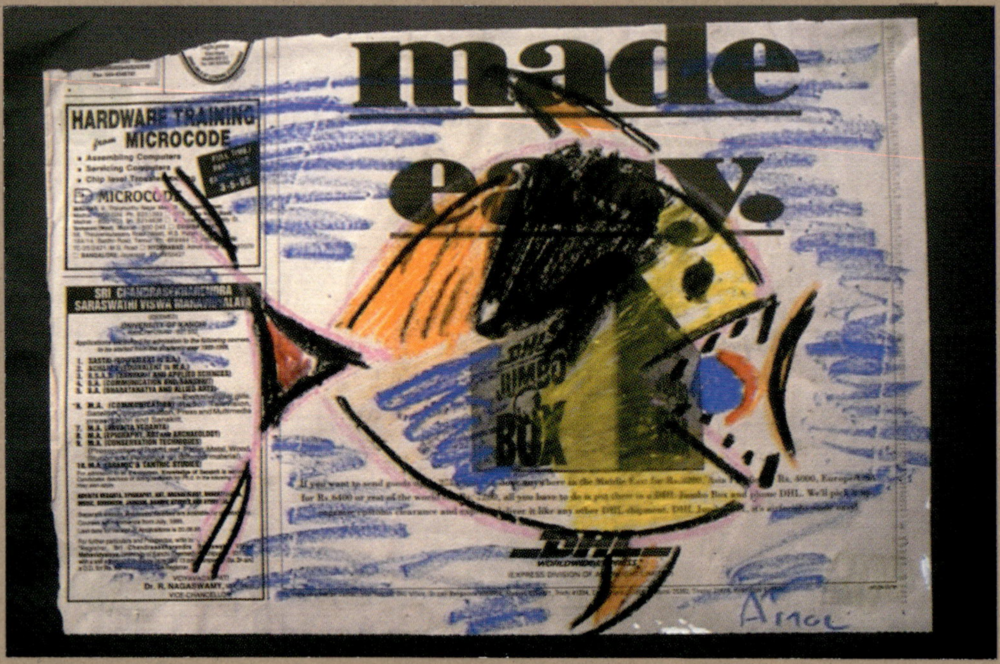

RAUM UND FORM

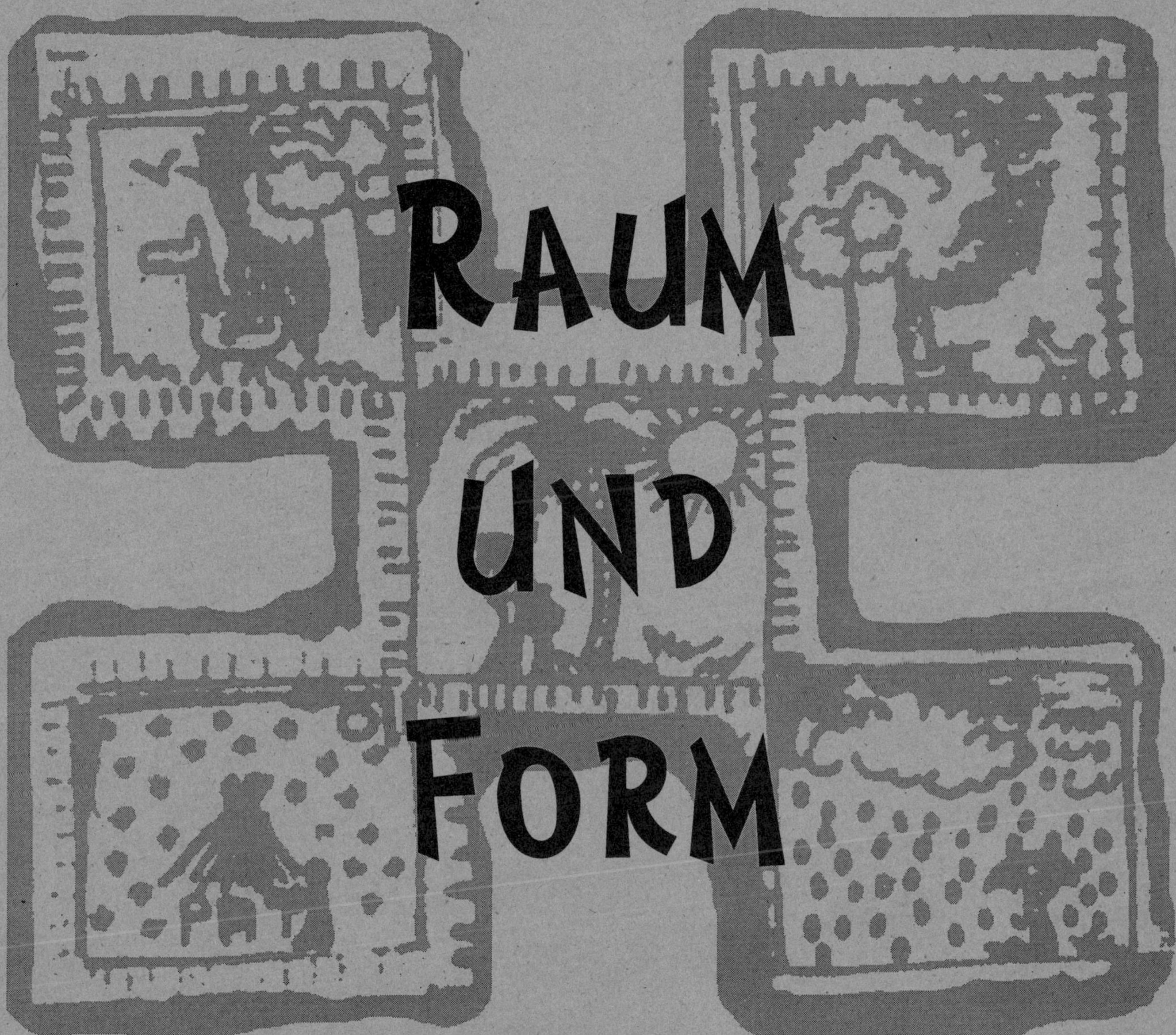

Aus Papier Figuren auszuschneiden oder auszureißen ist die beste Art und Weise zweidimensionale Formen kennen zu lernen. Geometrische Grundformen sind einfach und klar. Verständnis dafür, wie diese Grundformen miteinander harmonieren, kann die Kinder dabei unterstützen einen Sinn für Komposition zu entwickeln.

Der Raum für ein Kunstwerk ist nicht auf Papier oder Leinwand beschränkt, Kunst kann auf sehr großen Flächen gestaltet werden, wie zum Beispiel traditionell bemalten Hauswänden in ländlichen Gegenden. Kunst kann aber auch fein ziseliert, auf kleinem Raum, in Form von Miniaturen gestaltet werden. Vor Beginn einer Arbeit muss zunächst die Frage nach dem Raum gestellt werden, wie kann, wie soll dieser am besten genutzt werden, es soll nicht nur darum gehen den Raum irgendwie auszufüllen. Der Raum, der gewählt wurde, bestimmt mit, wie das Werk gestaltet wird.

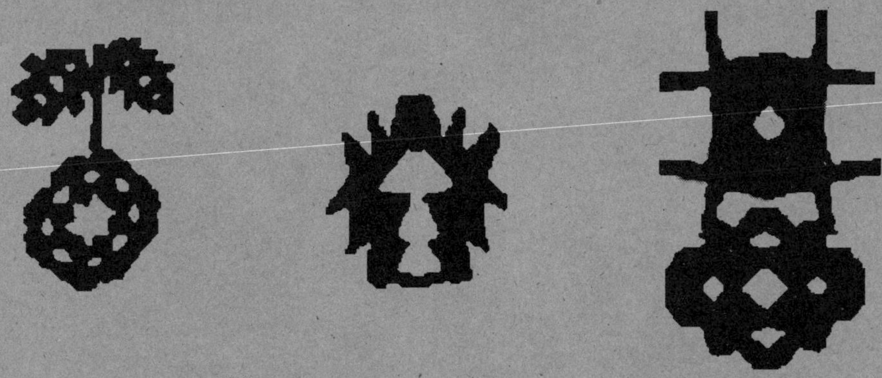

FIGUREN AUSSCHNEIDEN

Benötigte Materialien

Schwarzes Tonpapier, weißes Papier, Schere, Klebstoff.

So geht es

- Schneidet aus schwarzem Tonpapier Figuren aus.
- Arbeitet an den Figuren weiter, indem ihr sie faltet oder sie mit der Schere weiterbearbeitet.
- Klebt die Figuren auf weißes Papier auf.
- Was könnten sie darstellen? Kann man sie noch weiter verändern, noch Einzelheiten oder Verzierungen hinzufügen? Wie kann man die Ausgangsfiguren noch weiterentwickeln?

Varianten

- Ihr könnt die Figuren mit glatten oder zittrigen Linien umranden.
- Probiert dasselbe mit Zeitungspapier oder andersfarbigem Tonpapier aus.
- Statt sie auszuschneiden, könnt ihr die Figuren auch ausreißen.

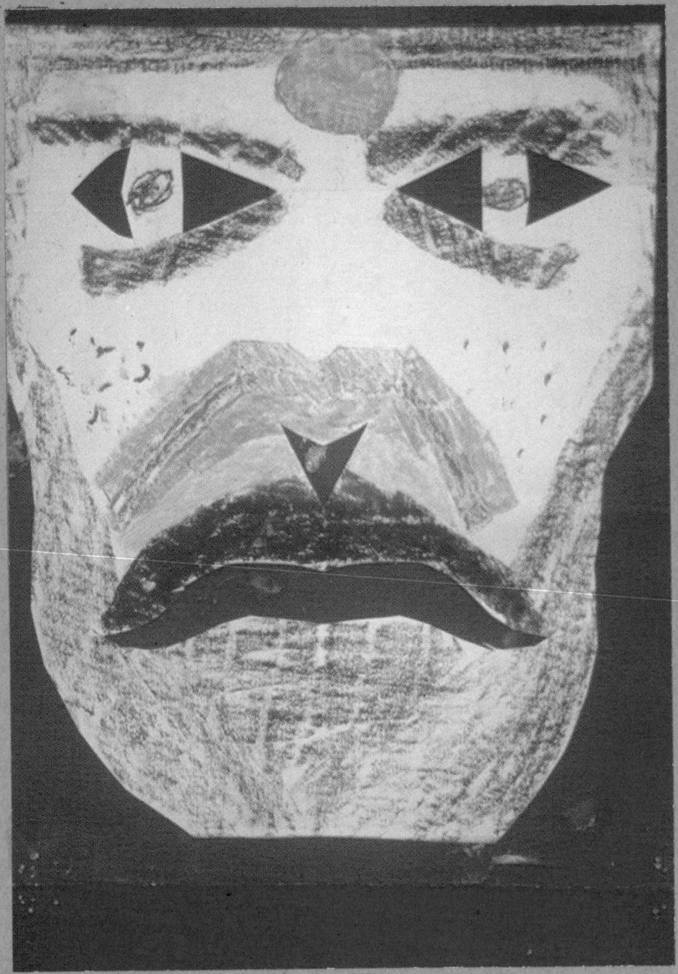

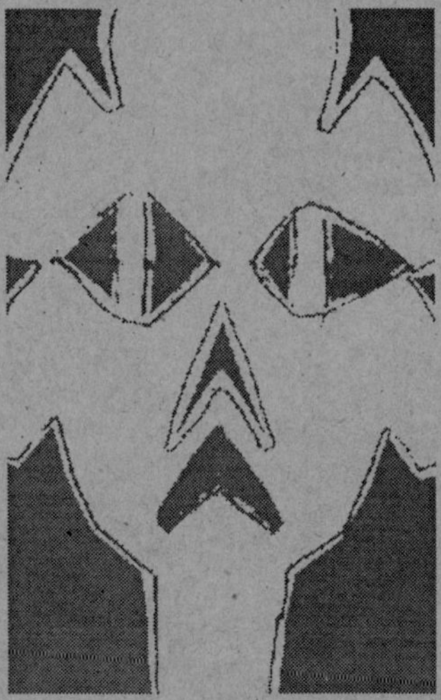

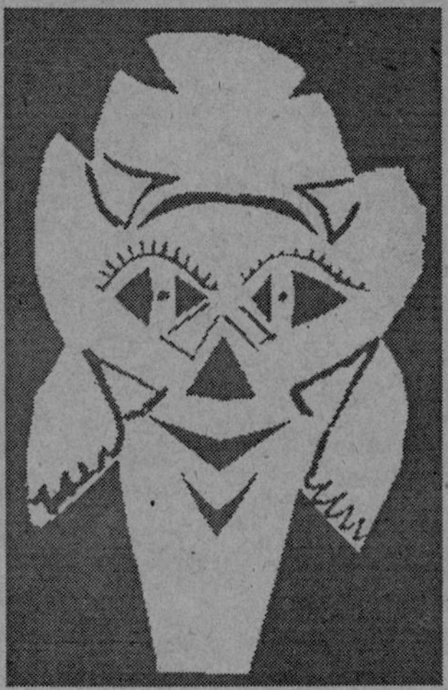

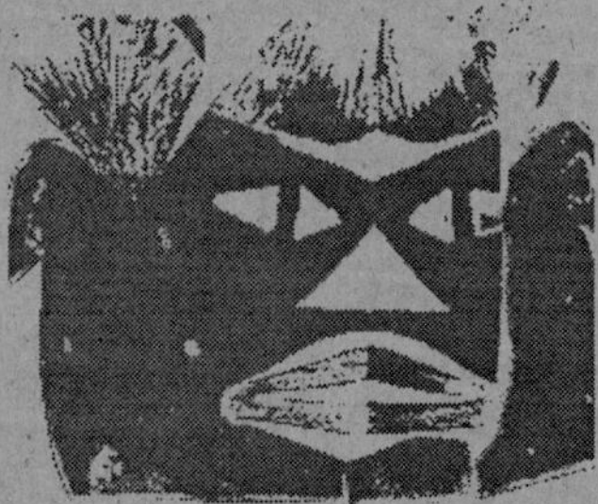

Masken

Benötigte Materialien

Farbiges Tonpapier, weißes Papier, Filzstifte, Klebstoff, Schere.

So geht es

- Schneidet aus weißem Papier ein Gesicht aus.
- Faltet das Papier auf die Hälfte und schneidet Löcher für Augen, Mund und Nase hinein.
- Klebt die Maske auf einen farbigen Hintergrund auf.
- Umrandet die ausgeschnittenen Gesichtszüge mit Filzstiften, damit sie möglichst plastisch hervortreten.

Varianten

- Wölbt die Maske leicht nach außen und klebt dann die Ränder auf einem Bogen Papier auf, dadurch wirkt das Gesicht plastischer.
- Versucht auch einmal Tiermasken auszuschneiden.

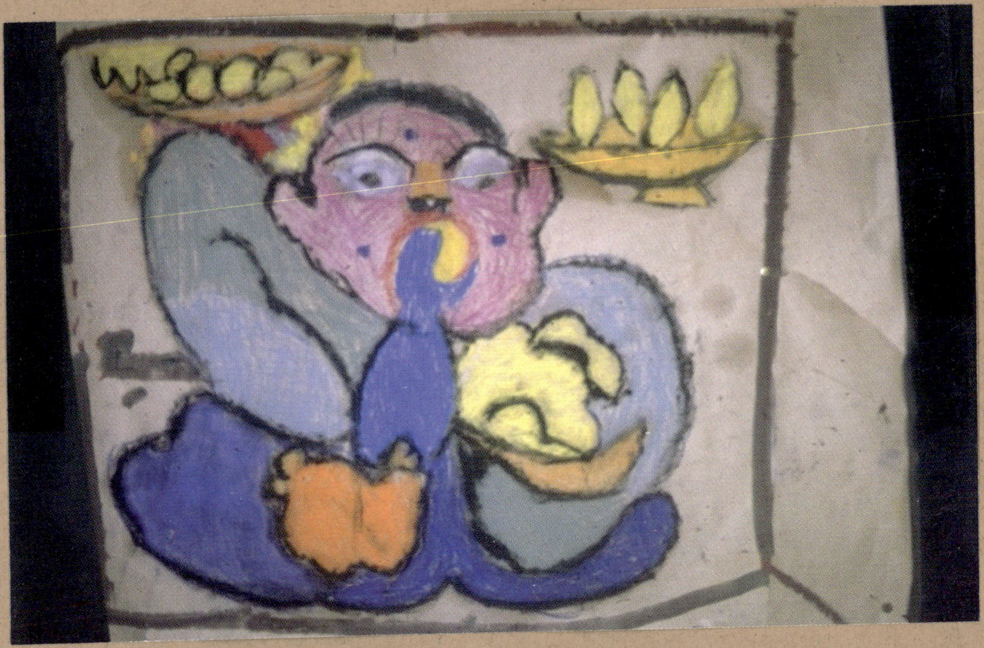

Ein großes Bild gestalten

Benötigte Materialien

Vier Bögen Packpapier, Pulverfarben oder Plakatfarben, Pinsel, Klebstoff.

So geht es

- Klebt vier Bögen Packpapier jeweils überlappend aneinander, um eine große Unterlage herzustellen.
- Schaut euch diesen Hintergrund an: Wie kann dieser Raum am besten genutzt werden? Welche Teile sehen zu leer aus? Welche sollten leer bleiben?
- Überlegt euch große, einfache Figuren oder Gegenstände und behaltet dabei den zur Verfügung stehenden Raum im Hinterkopf.
- Wenn ihr die Umrisse der Figuren auf dieser Fläche angezeichnet habt, überlegt euch weitere Elemente des Bildes, die zu den anderen der Größe und der Form nach passen.
- Wie unterscheidet sich so eine große Bildkomposition von einem normalen Bild? Wie geht ihr dabei mit dem Pinsel um?

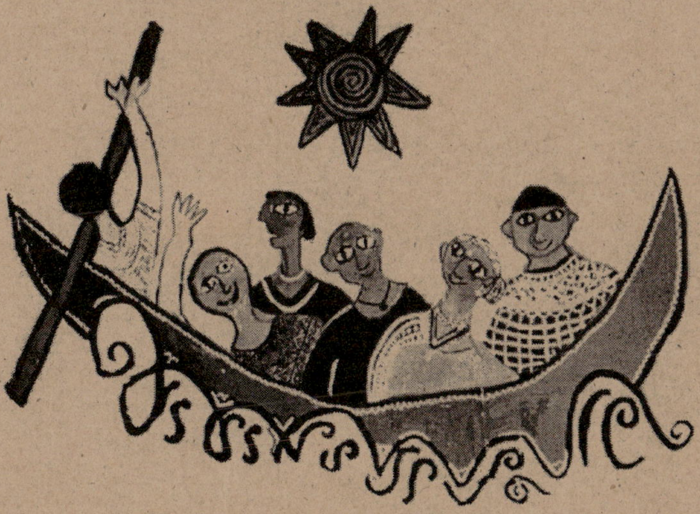

Wir haben uns für unser Bild ein großes Boot mit Leuten darin ausgesucht und dabei Erdfarben verwendet.

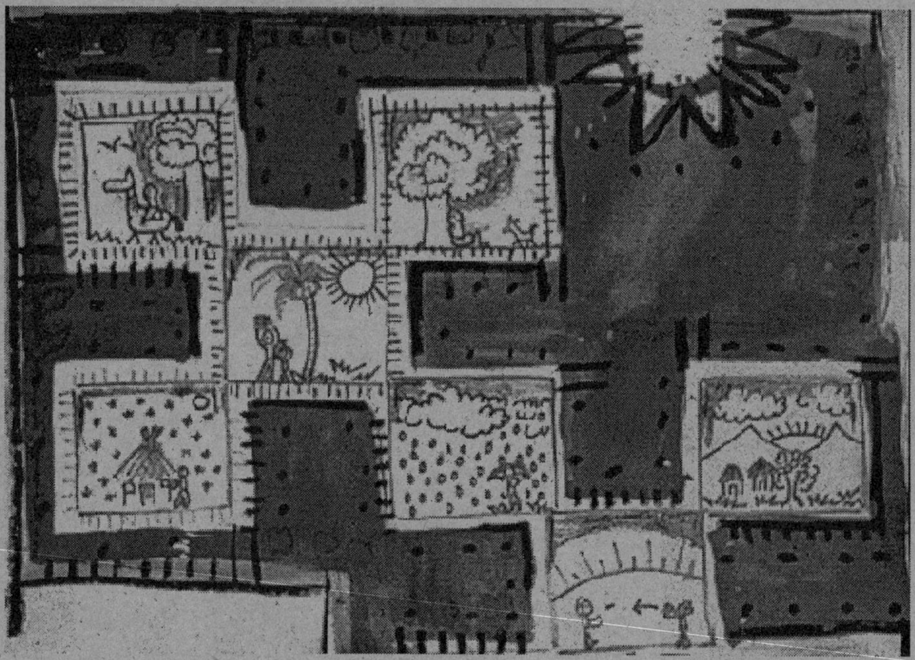

Miniaturen

Ebenso wie besonders große Bilder bieten auch Miniaturen Gelegenheit dazu die Beschaffenheit eines bestimmten Raums nutzen zu lernen.

Benötigte Materialien

Alte Visitenkarten, schwarze Filzstifte, weißes Papier, Plakatfarben, Klebstoff.

So geht es

- Malt auf jede Visitenkarte ein kleines Bild oder eine Szene.
- Benutzt einen Bogen weißes Papier als Hintergrund und verteilt die Visitenkarten entweder bunt durcheinander oder in einem bestimmten Muster angeordnet.
- Verändert die Anordnung so lange immer wieder, bis es euch gefällt, klebt die Karten dann auf dem Hintergrund fest.
- Umrandet jede der Karten mit schwarzem Filzstift.
- Malt die leeren Flächen auf dem Hintergrundpapier aus, ihr könnt auch noch Muster oder Bilder auf dem Hintergrund gestalten.

Varianten

- Ihr könnt für den Hintergrund buntes Papier verwenden, statt weißes anzumalen.
- Die Miniaturen können auch direkt auf den Hintergrund aufgemalt werden, ohne Visitenkarten.
- Ihr könnt interessante Miniaturen in Dreiecks- oder Kreisform gestalten.

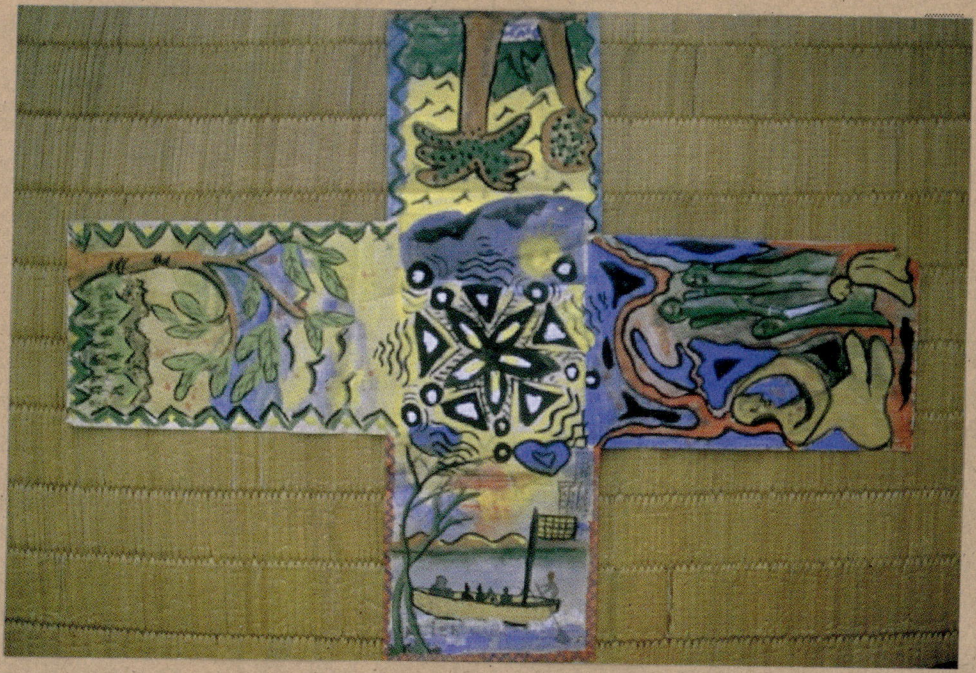

Senkrechte und waagerechte Bildräume

Ein Bild muss nicht unbedingt immer rechteckig sein. Ein langer, waagerecht oder senkrecht zurechtgelegter Papierstreifen sieht anders aus als ein normales Blatt Papier und gibt so neue Möglichkeiten zur Bildgestaltung.

Benötigte Materialien

Packpapier in lange Streifen geschnitten, Buntstifte, Wasserfarben und Pinsel.

So geht es

- Schaut euch den Papierstreifen an - soll er waagerecht oder senkrecht verwendet werden?
- Welche Ideen habt ihr bei senkrechter Ausrichtung? Ein Baum oder vielleicht ein Gebäude?
- Und welche Ideen habt ihr für ein waagerechtes Bild? Ein Fluss oder vielleicht eine Straße?
- Zeichnet eure Bildidee zunächst mit schwarzer Farbe vor.
- Dann könnt ihr noch Einzelheiten mit Buntstift oder Wasserfarben hinzufügen.

Varianten

- Versucht einmal waagerechte und senkrechte Bildräume miteinander zu kombinieren.

Bilderrollen

In vielen Gebieten Indiens benutzen die Geschichtenerzähler und Liedersänger beim Erzählen eine Bildrolle als Hilfe. Damit "illustrieren" sie ihre Geschichte. Bilderrollen bieten eine wundervolle Möglichkeit zu malen und gleichzeitig eine Geschichte zu erzählen. Man kann mit ihnen auf einzigartige Art und Weise Raum zum genauen Betrachten nutzen.

Benötigte Materialien

Zeitungspapier, schwarzes Tonpapier, Plakatfarben, Pinsel, Schere, Klebstoff.

So geht es

- Überlegt euch eine Geschichte, ein Lied oder einen Kinderreim, die ihr gerne illustrieren würdet.
- Zerschneidet das Zeitungspapier in Rechtecke oder Quadrate.
- Malt dann die einzelnen Bilder zu eurer Geschichte der Reihe nach auf einzelne Zeitungspapierstücke.
- Schneidet das Tonpapier in lange Streifen und klebt sie so zusammen, dass sie eine Papierrolle ergeben, die lang genug für eure Bilderfolge ist.
- Klebt die einzelnen Zeitungspapierbilder nebeneinander in der richtigen Reihenfolge auf die schwarze Papierrolle auf.
- Ihr könnt diese Rolle jetzt horizontal oder vertikal, je nachdem, wie ihr die Bilder aufgeklebt habt, zur Geschichte passend entrollen.

Varianten

- Ihr könnt auf die Rolle auch ein langes Bild statt einer Reihe von einzelnen Bildern malen.

Strukturen und Abdrücke

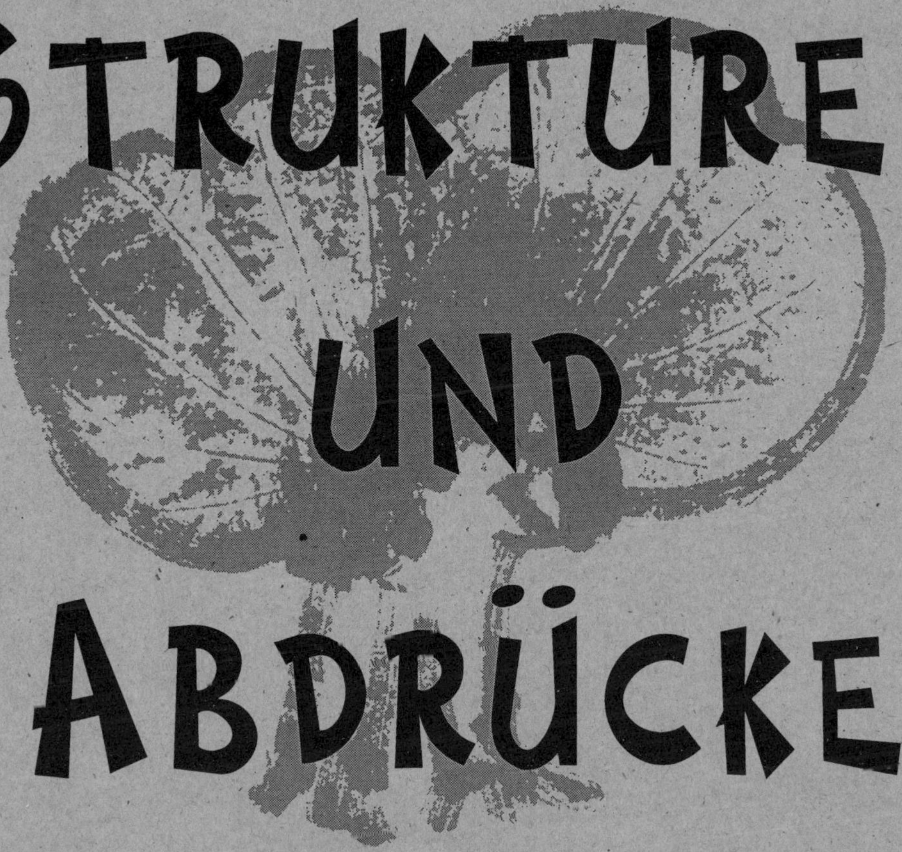

In vielen ländlichen Gegenden Indiens sind die Wände der Häuser mit Lehm verputzt. Die Leute dort bemalen und verzieren ihre Hauswände. Diese einfache und eindrucksvolle Form von Kunst ist die Grundlage für diese Arbeit mit verschiedenen Strukturen und Abdrücken.

Man kann mit Strukturen und Abdrücken von unterschiedlichen Alltagsmaterialien, wie z.B. Blättern, Zweigen oder Flaschendeckeln, arbeiten. Dadurch wird die Beobachtungsgabe geschärft und dazu beigetragen ein Auge für Materialien zu entwickeln, die interessante Strukturen schaffen.

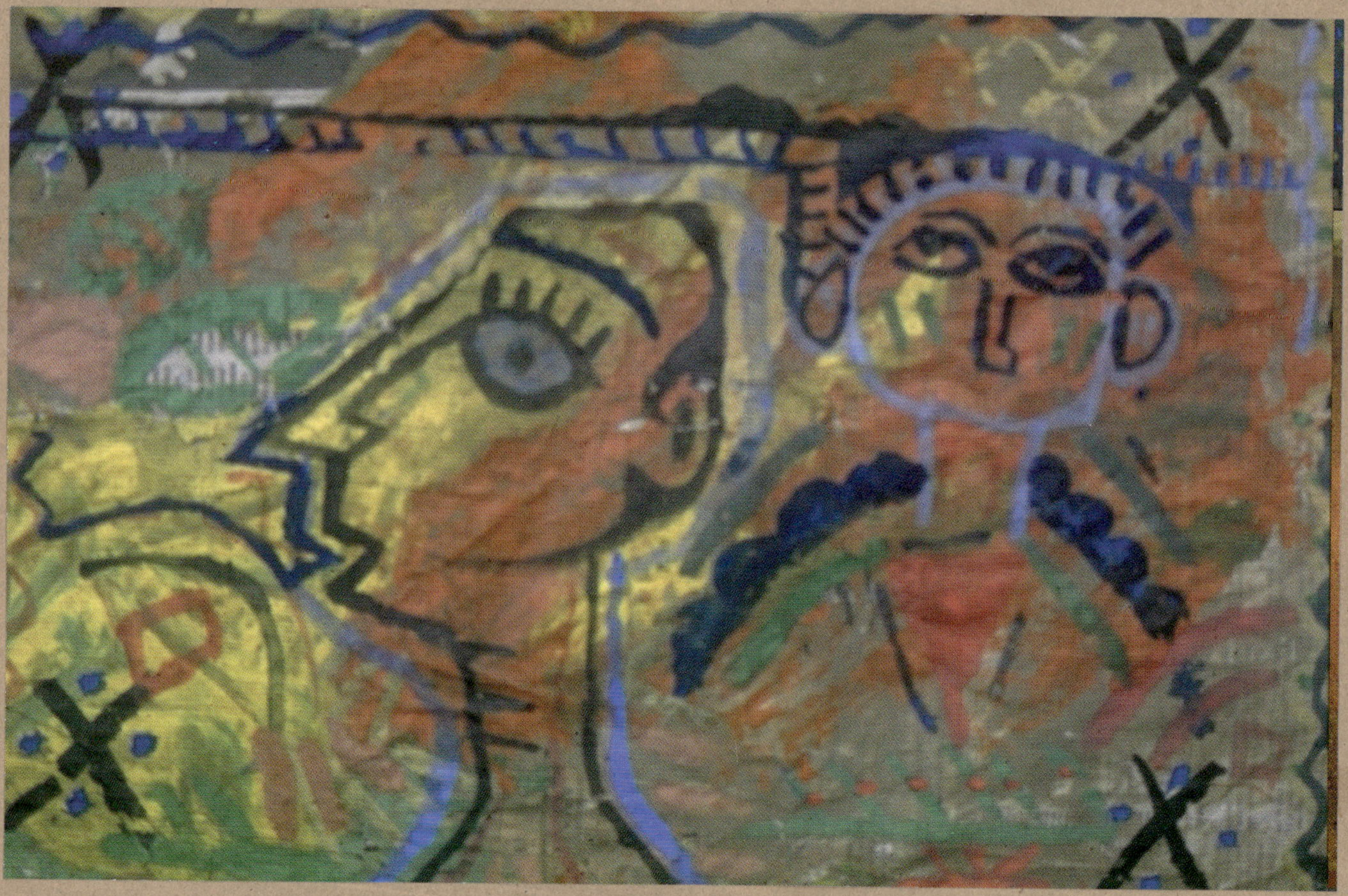

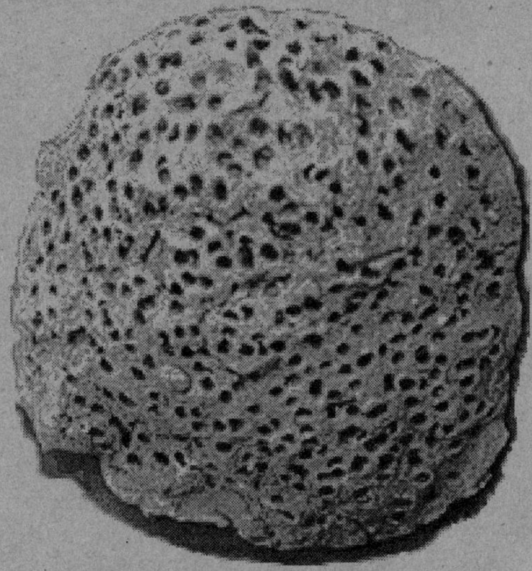

Abdrücke und Eindrücke

Kinder haben großen Spaß daran Abdrücke von Gegenständen zu machen. Ton ist ein besonders geeignetes Material um mit Strukturen zu experimentieren.

Benötigte Materialien

Ton, Zweige oder ein Stück Rinde.

So geht es

- Formt den Ton zu einem kleinen Block. Der Ton sollte nicht zu feucht sein.
- Drückt dann einen Zweig oder ein Stück Rinde gegen eine Seite des Blocks.
- Nehmt den Zweig oder die Rinde wieder ab und schaut euch den Abdruck an.

Varianten

- Stellt noch andere Abdrücke her, zum Beispiel von Jute, einem Netz, einem Kamm, einer Gabel oder einem Flaschendeckel usw.
- Gestaltet aus diesen verschiedenen Strukturen einen Menschen- oder Tierkopf.

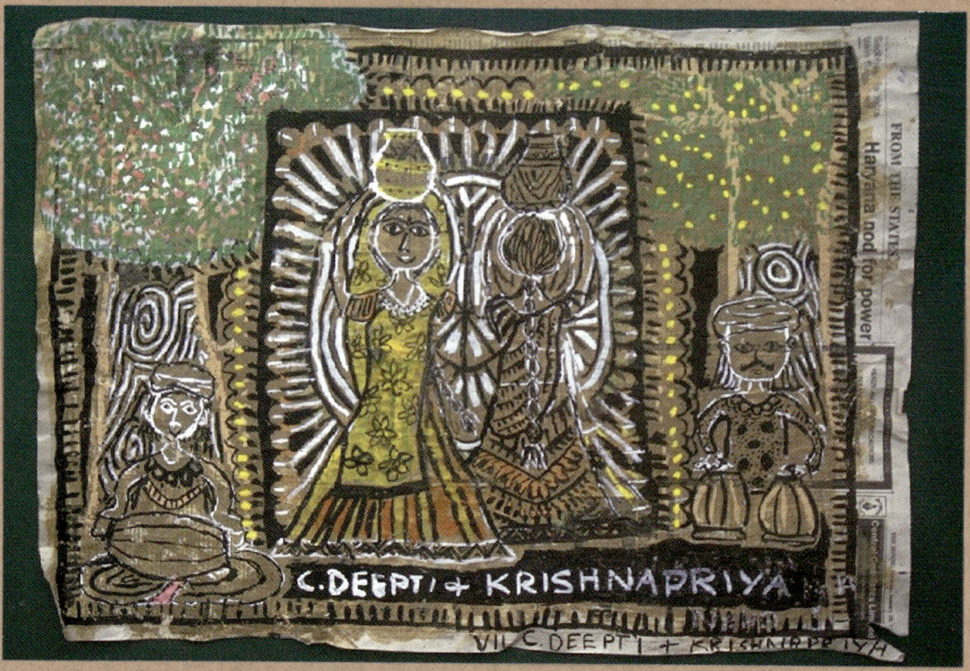

Wände zum Bemalen

Im Verlauf eines unserer Projekte mit Ton blieb einiges von dem Ton auf den Zeitungen kleben, die wir als Abdeckung auf den Boden gelegt hatten. Die Fläche sah aus wie eine der Lehmwände in den indischen Dörfern. Das hat zu der Beschäftigung mit Struktur geführt.

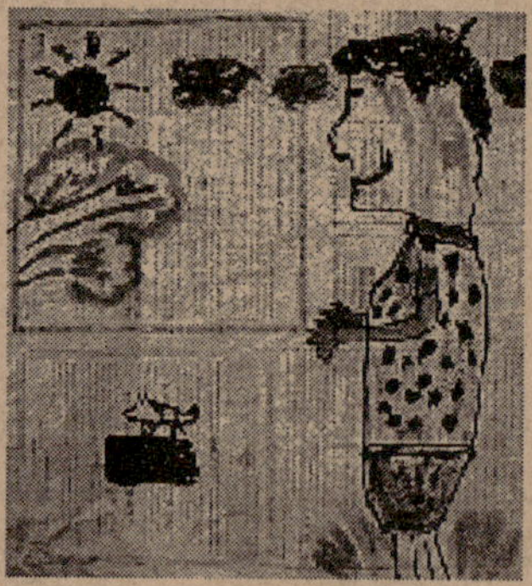

Benötigte Materialien

Zeitungspapier, Lehm oder Kreidepulver, Farben, Pinsel.

So geht es

- Macht aus Lehm und Wasser oder Kreidepulver und Wasser eine Paste.
- Schmiert diese auf einen Bogen Zeitungspapier und lasst sie antrocknen.
- Das Papier hat jetzt eine ganz neue Beschaffenheit. Vielleicht scheint die Druckerschwärze ja noch ein wenig durch, das gibt ebenfalls einen interessanten Effekt. Auf diesem "neuen Material" kann jetzt ein Bild entstehen.
- Ihr könnt darauf mit Pulverfarben, Plakatfarben oder aber auch mit selbst hergestellten Pflanzenfarben arbeiten.
- Überlegt euch, wie ihr die durchscheinende Zeitungsschrift und die besondere Materialbeschaffenheit in eure Bildgestaltung mit einbeziehen könnt.
- Erdfarben wie schwarz, weiß, grün und ocker passen besonders gut zu diesem Lehmhintergrund.

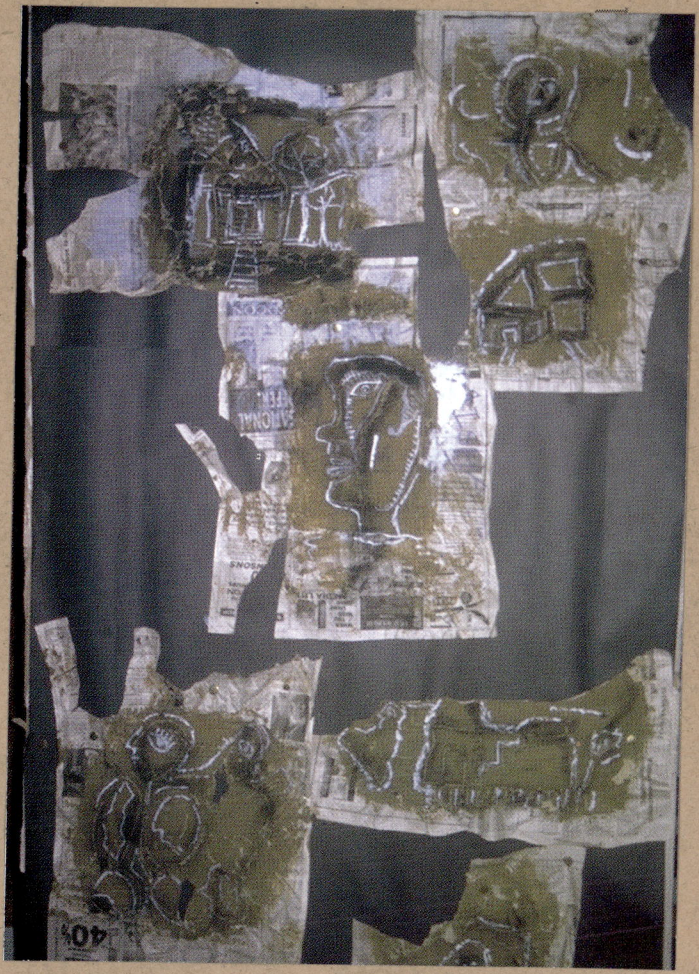

Zeichnen in Lehm

Die Höhlenmenschen früherer Zeiten stellten auf den Wänden ihrer Höhlen Geschichten und Szenen aus ihrem Leben dar. Diese mit höchst einfachen Mitteln gestaltete Kunst hat die folgende Übung angeregt.

Benötigte Materialien

Zeitungspapier, verdünnter Ton (oder Lehm), ein Stock, Pinsel, Kohlepulver, weiße Farbe.

So geht es

- Tragt den verdünnten Ton auf Zeitungspapier auf.
- Zeichnet mit einem Stock die Umrisse von Figuren, Häusern, Tieren oder Bäumen ein. Lasst das Bild trocknen.
- Teile der Flächen werden mit Kohlepulver bedeckt, das ihr mit einem trockenen Pinsel verteilt. Umrandet eure Figuren mit weißer Farbe.

Wechselbilder

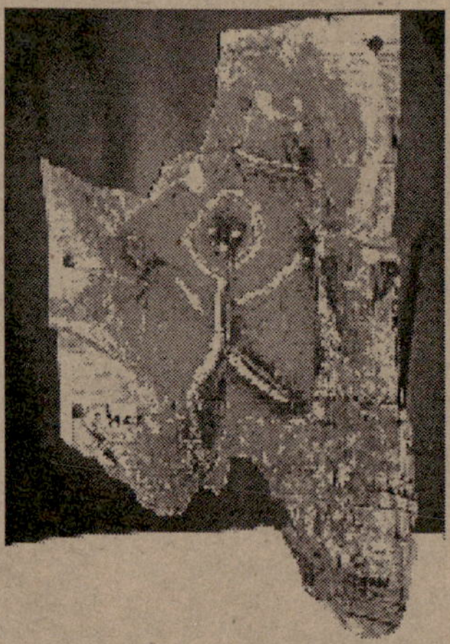

Ein Kunstwerk muss nicht unbedingt dauerhaft sein. Wichtig ist vor allem die Freude beim Erschaffen des Bildes. Kleine Kinder malen gerne Figuren in den Sand. Das ist eine wundervolle Methode ein Gefühl für das Material zu bekommen.

Benötigte Materialien

Sand, Zeitungspapier, Pulverfarben.

So geht es

- Streut eine dünne Schicht Sand auf einen Bogen Zeitungspapier.
- Zeichnet mit dem Finger Figuren hinein.
- Ihr könnt die entstandenen Linien und Zwischenräume mit Pulverfarben ausfüllen.

Varianten

- Zeichnet eine Figur mit schwarzer Farbe vor. Innerhalb der Figur wird eine Schicht Klebstoff aufgetragen. Streut Sand über die Klebstofffläche. Innerhalb der Figur wird eine Schicht Klebstoff aufgetragen.

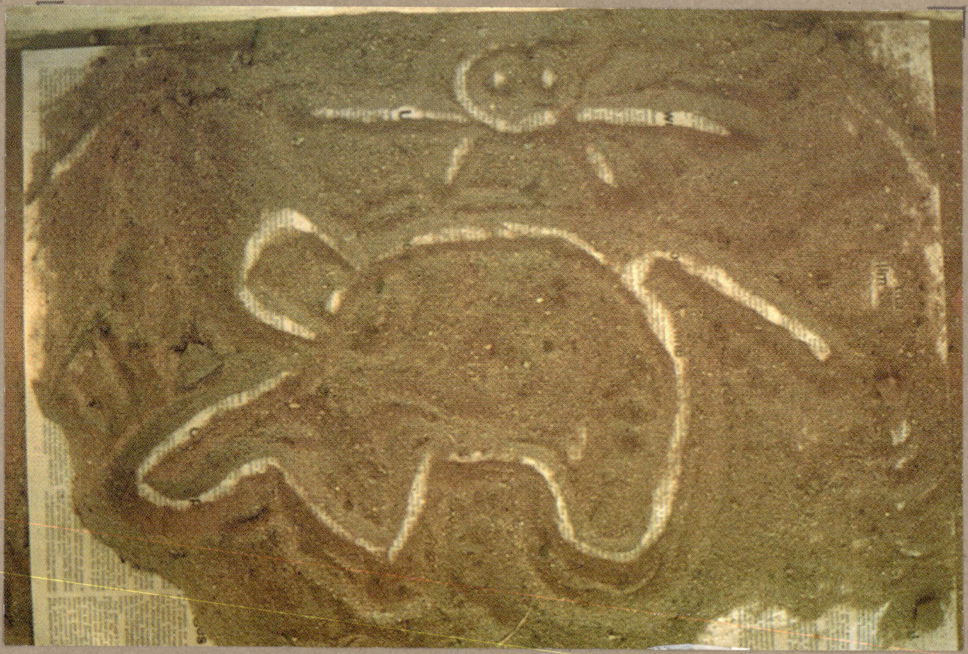

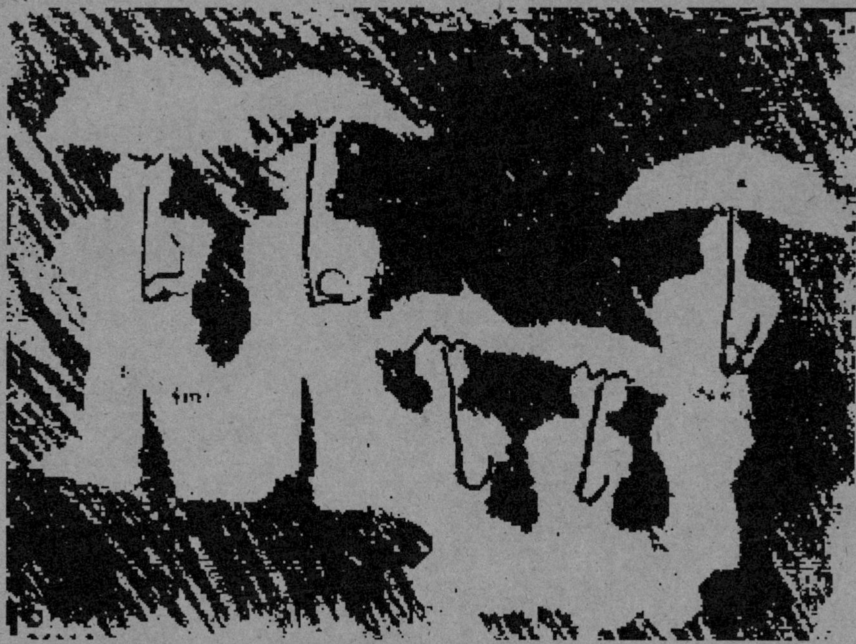

Regentag

An einem regnerischen Tag ging ein Kind, das an nichts anderes denken konnte, nach draußen um den Regen anzuschauen. Anschließend zeichnete es einen Regenschirm. Daraus entstand dann die Schablone, mit der dieses Regentagbild gestaltet wurde. Solche Strukturen können mit einer einfachen Drucktechnik hergestellt werden.

Benötigte Materialien

Schwarze Tusche, ein Stück Sperrholz oder Spanplatte, zwei Blätter weißes Zeichenpapier, eine Schere, ein Nudelholz oder eine glatte Glasflasche.

So geht es

- Zeichnet eine Figur auf weißes Papier vor.
- Schneidet die Figur aus. Das wird eure Schablone.
- Färbt das Stück Sperrholz oder die Spanplatte mit der Tusche ein und legt dann die Schablone auf.
- Auf die Platte mit der Tusche und der Schablone darauf legt ihr das zweite Blatt Papier. Dann rollt ihr mit dem Nudelholz oder einer Flasche darüber, so dass auf dem Bogen Papier ein Abdruck entsteht.

Varianten

- Färbt ein Blatt Papier mit Tusche ein und schneidet dann eine Figur aus.
- Was könntet ihr an Stelle einer Rolle noch benutzen? Einen Bleistift oder einen stumpfen Stock? Überlegt euch noch andere interessante Techniken.

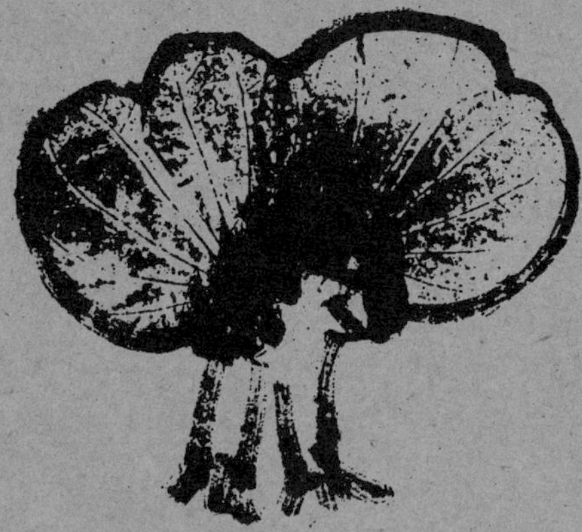

Blätterabdrücke

Diese Idee entstand, als eines der Kinder einmal mit einer farbverschmierten Flasche über das Blatt rollte. Diese "Kleckserei" ergab einige sehr interessante Muster.

Benötigte Materialien

Weißes Papier, schwarze Tusche, Wasserfarben, Pinsel, ein paar Blätter mit möglichst deutlich hervortretenden Blattadern, ein Nudelholz oder eine glatte Glasflasche.

So geht es

- Schaut euch die Blätter genau an. Bei den meisten Blättern zeichnen sich auf der Unterseite deutlich die Blattadern ab.
- Legt euer Blatt mit der Unterseite nach oben auf den Tisch.
- Bedeckt ein Nudelholz oder eine Flasche mit Tusche und rollt damit über das Blatt, so dass es mit Tusche bedeckt ist.
- Legt ein weißes Blatt Papier auf den Tisch.
- Legt das Baumblatt mit der Tuscheseite nach unten auf das Blatt Papier.
- Säubert eure Rolle von der Farbe und rollt dann so über das Baumblatt, dass sich der Tuscheabdruck auf das Papier überträgt.

Varianten

- Wie sieht es aus, wenn ihr statt mit einer Rolle mit eurer Hand oder einem Lineal über das Blatt fahrt?
- Könnt ihr aus den Blattabdrücken ein Bild gestalten? Was könntet ihr daraus machen? Wie könnt ihr Farben oder Umrandungen einsetzen?
- Wie wirkt das Ganze auf einem anderen Hintergrund, zum Beispiel auf Zeitungspapier?

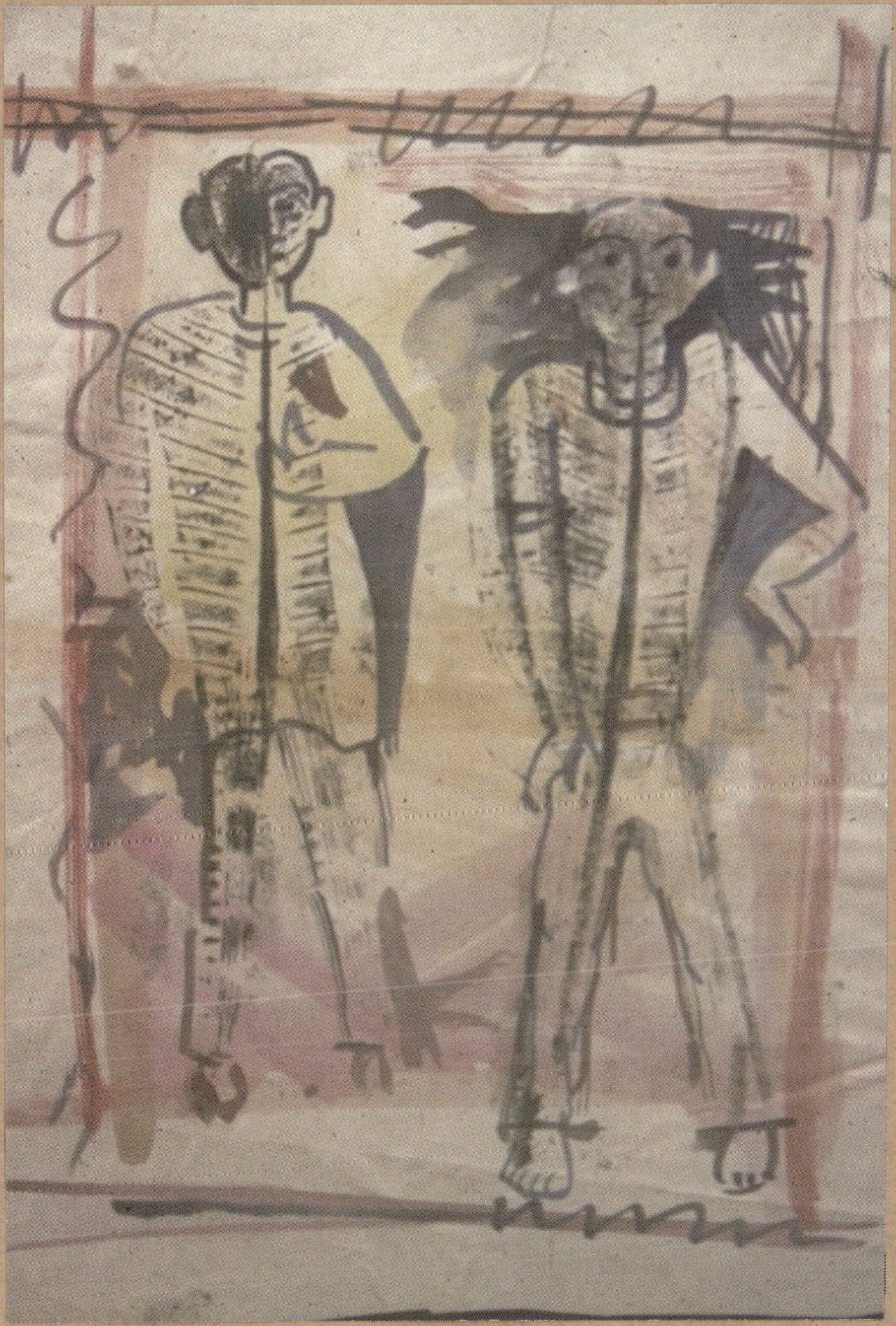

Zwei Figuren aus
Blattabdrücken.

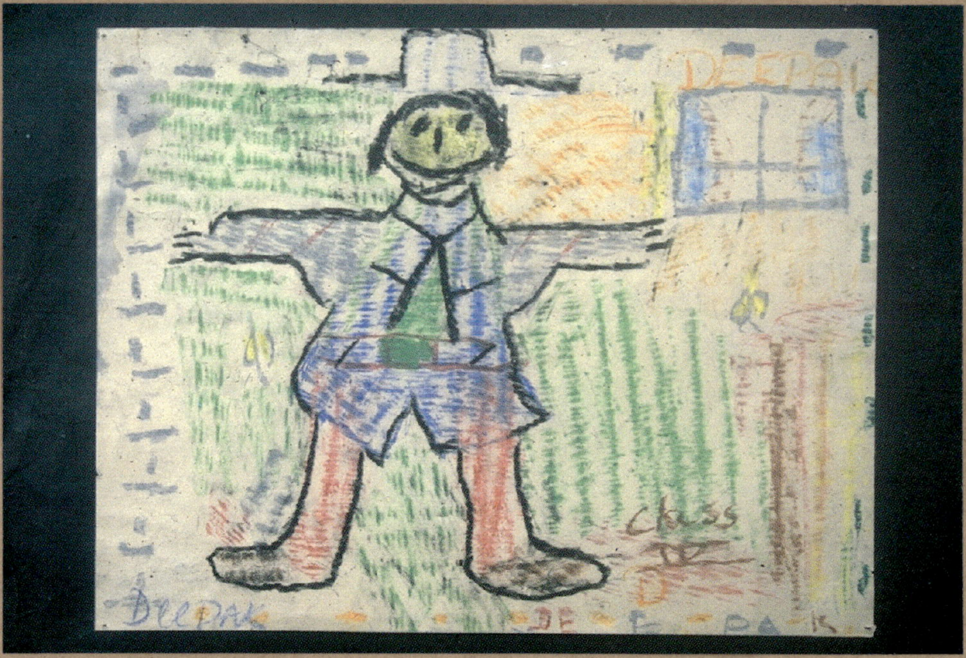

MATTENABDRÜCKE

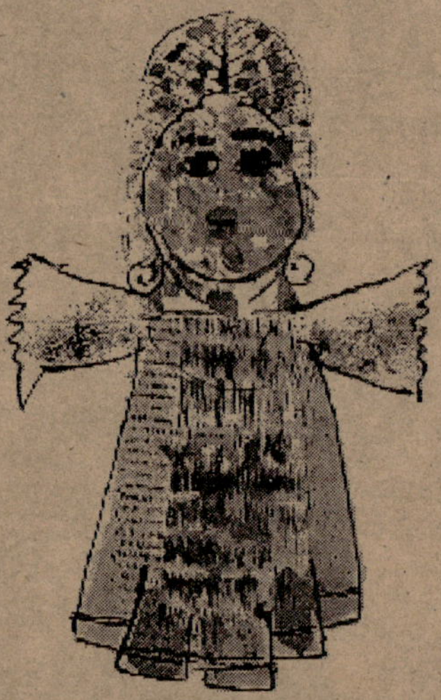

Diese Idee entstand aus dem von allen Kindern immer gern gemachten Münzen rubbeln.

Benötigte Materialien

Bastmatte (z.B. Strandmatte o.ä.), weißes Papier, Buntstifte.

So geht es

- Legt ein Blatt weißes Papier über die Bastmatte.
- Haltet das Papier mit der einen Hand gut fest und schraffiert dann mit der Breitseite des Stiftes über das Papier.
- Nehmt das Papier von der Matte und schaut euch den entstandenen Abdruck an. Welche Ideen für Bilder ruft er bei euch hervor?
- Umrandet die Figuren, die ihr darin seht, mit einem schwarzen Stift.

Varianten

- Probiert noch andere Materialien und Gegenstände zum Rubbeln aus, zum Beispiel Bambus, Wellpappe, Baumrinde, gemustertes Leder, Schnitzwerk, Broschen oder Anstecker usw.
- Versucht einmal mehrere Abdrücke in einem Bild zu kombinieren.

DREI-DIMENSIONALE FORMEN

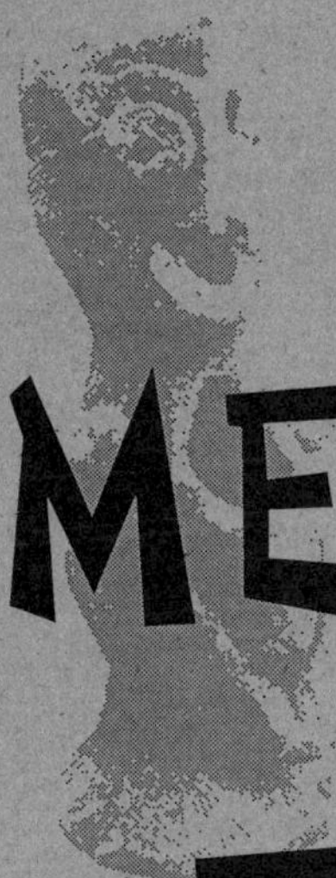

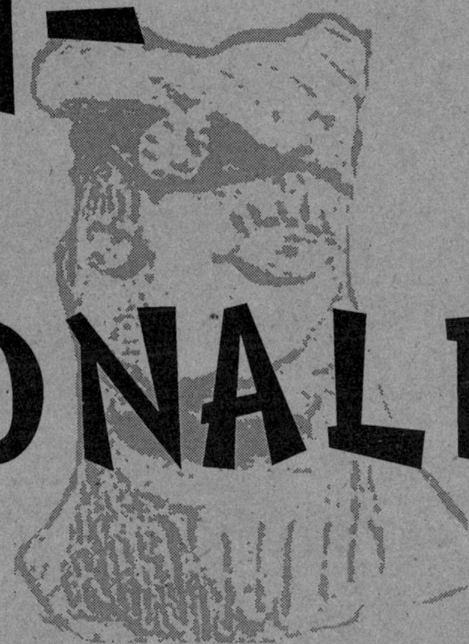

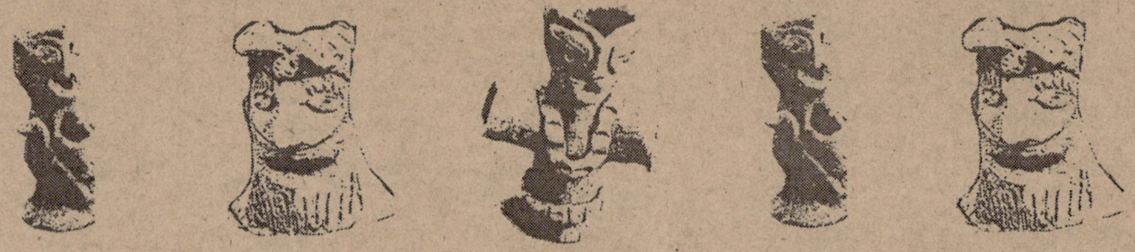

Wenn man ein Kunstwerk baut oder bastelt, gibt man ihm eine Form. Formen sind überall um uns herum. Dreidimensionale Formen können am besten mit Hilfe von Materialien wie z.B. Ton verstanden werden. Man kann den Ton auch einfach trocknen lassen, wenn kein Brennofen zur Verfügung steht. Ton erlaubt den Kindern eine Form zu modellieren, sie zu fühlen und zu verändern. Kinder mögen es den Ton in ihrer Hand zu spüren. Man muß ausprobieren wie er sich anfühlt - damit arbeiten und damit spielen!

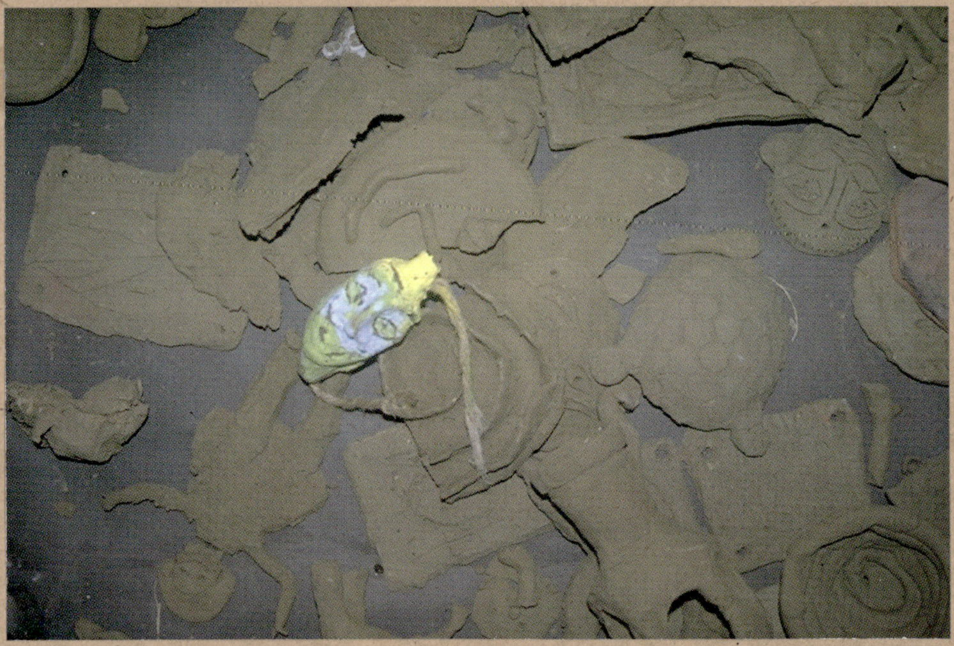

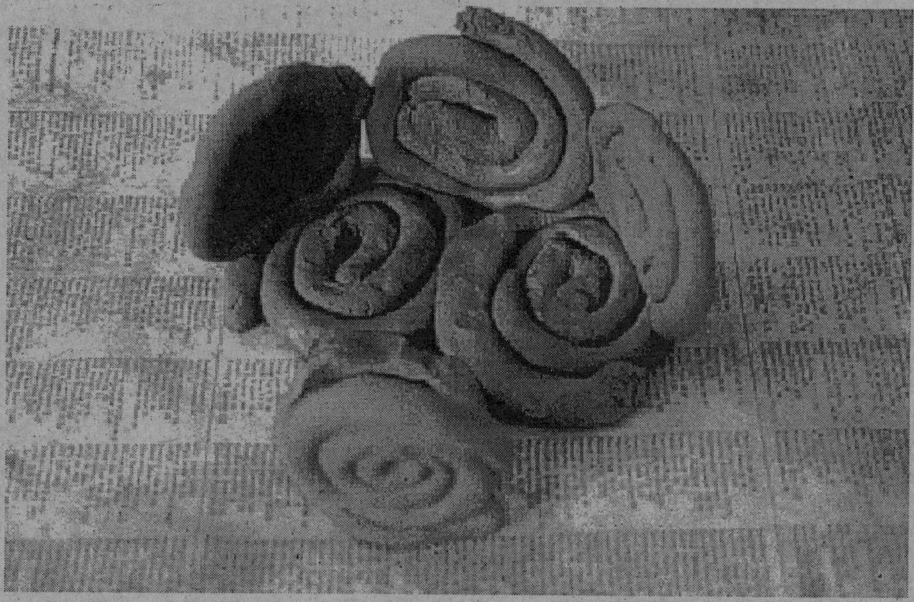

SCHNECKENROLLEN

Kinder rollen den Ton gerne zu einer Schneckenrolle. Für den Anfang ist dies die einfachste Art und Weise mit Ton umzugehen. Diese Tonschnecken können als Bausteine für größere Skulpturen dienen.

Benötigte Materialien

Ton.

So geht es

- Formt den Ton zu einer Kugel.
- Rollt aus dieser Kugel mit eurer Hand eine lange Wurst oder eine lange Schlange.
- Legt aus dieser Tonschlange eine flache Schneckenrolle.

Varianten

- Ihr könnt aus diesen Schnecken ein Gefäß bauen.
- Versucht einmal Schmuckstücke aus kleinen Tonschnecken zu basteln.

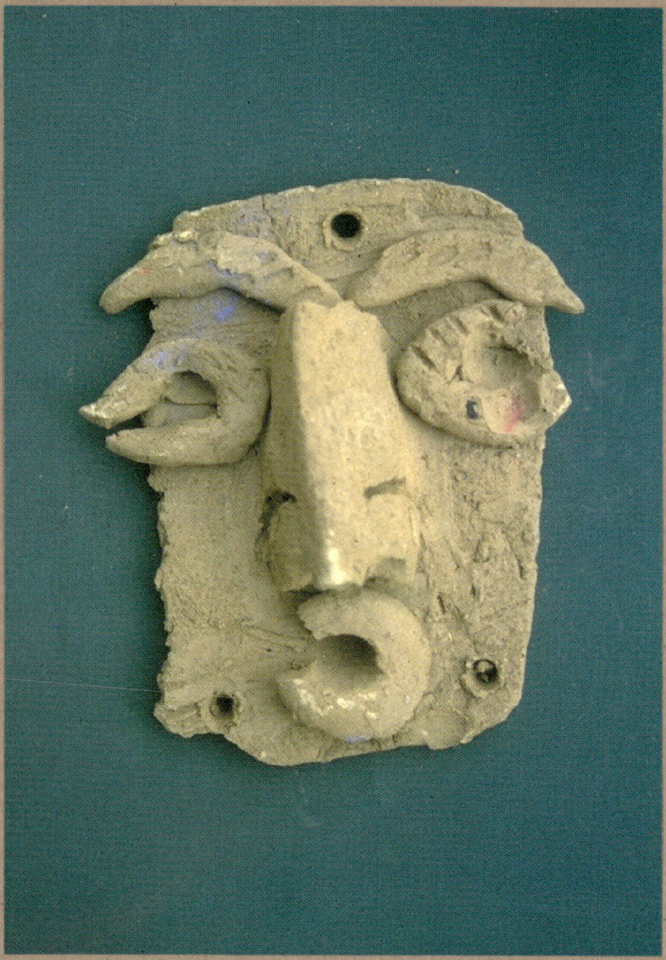

Tonplatten

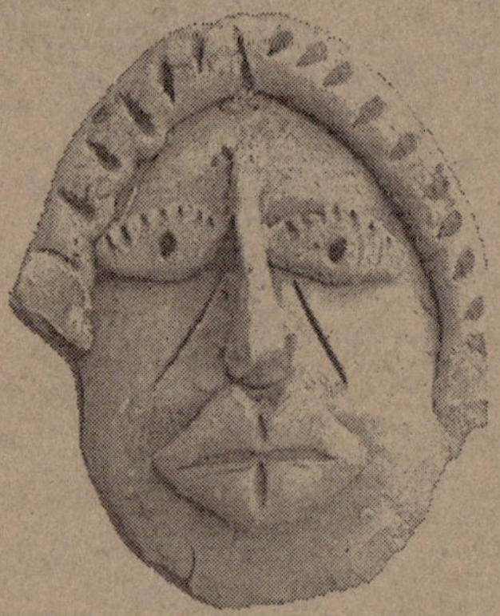

Flache Gegenstände sind eine gute Anfangsübung um Formen verstehen zu lernen. Einige aufgesetzte Elemente zu verwenden hilft dem Kind das Wesen einer dreidimensionalen Form kennen zu lernen.

Benötigte Materialien

Ton, Nudelholz.

So geht es

- Rollt mit Hilfe eines Nudelholzes oder mit eurer Hand den Ton zu einer kleinen Platte aus.
- Welche Form hat dieses Stück Ton? Was könnte daraus werden?
- Formt Gesichtszüge, Augen, Mund und Nase mit Hilfe von aufgesetzten Tonstücken.

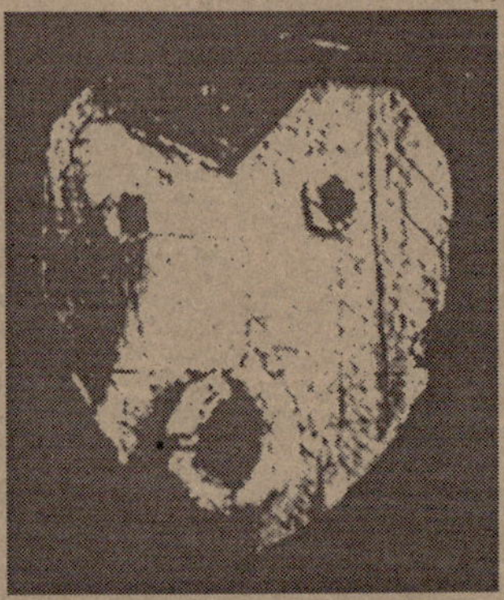

Varianten

- Versucht einmal die Gesichtszüge einzugravieren oder einzudrücken, statt sie aufzusetzen.
- Probiert verschiedene Formen von Tonplatten aus.

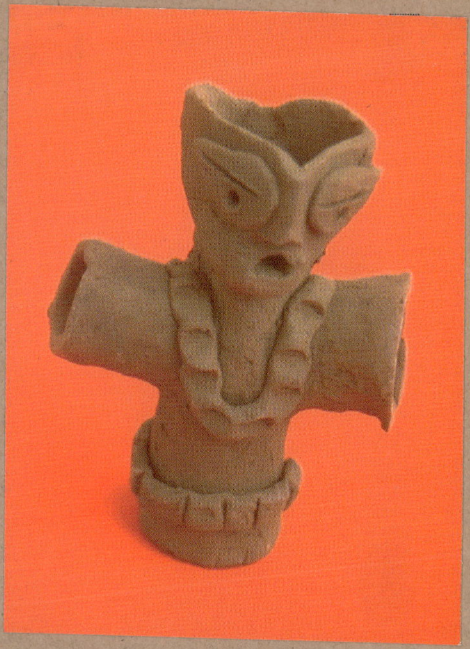

ZYLINDER

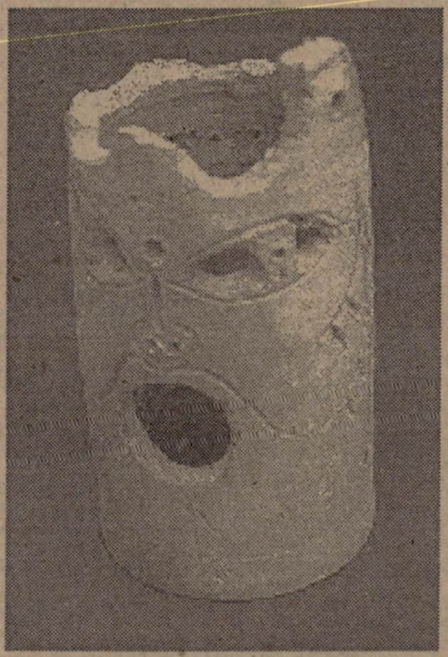

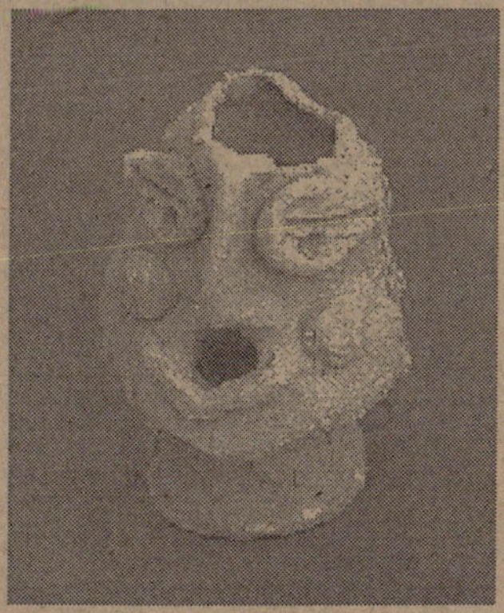

Ein hohler Zylinder (rundgebogener, länglicher Körper) ist stabil genug um für Skulpturen verwendet zu werden und erlaubt eine kreative Ausgestaltung der Außen- und der Innenräume.

Benötigte Materialien

Ton, Lineal.

So geht es

- Formt den Ton zu einer Kugel.
- Rollt die Kugel mit eurer Handfläche gleichmäßig zu einer dicken Wurst.
- Diese schneidet ihr genau in der Mitte in zwei Hälften.
- Eine der beiden kleinen Würste legt ihr auf den Tisch und drückt sie mit den Fingerspitzen vorsichtig gleichmäßig platt, so dass sich eine rechteckige Fläche ergibt.
- Die andere Wurst formt ihr ebenso zu einem Rechteck.
- Legt die beiden Rechtecken mit den langen Seiten aneinander, so dass ihr ein großes Rechteck erhaltet.
- Nun befestigt ihr die äußeren Ränder so aneinander, dass sich ein großer, hohler Zylinder bildet.
- Streicht die Seiten und die Oberkante des Zylinders mit der breiten Seite des Lineals glatt.
- Formt so mehrere Zylinder verschiedener Größe. Diese Zylinder könnt ihr als Grundstock für Skulpturen oder Gefäße verwenden.

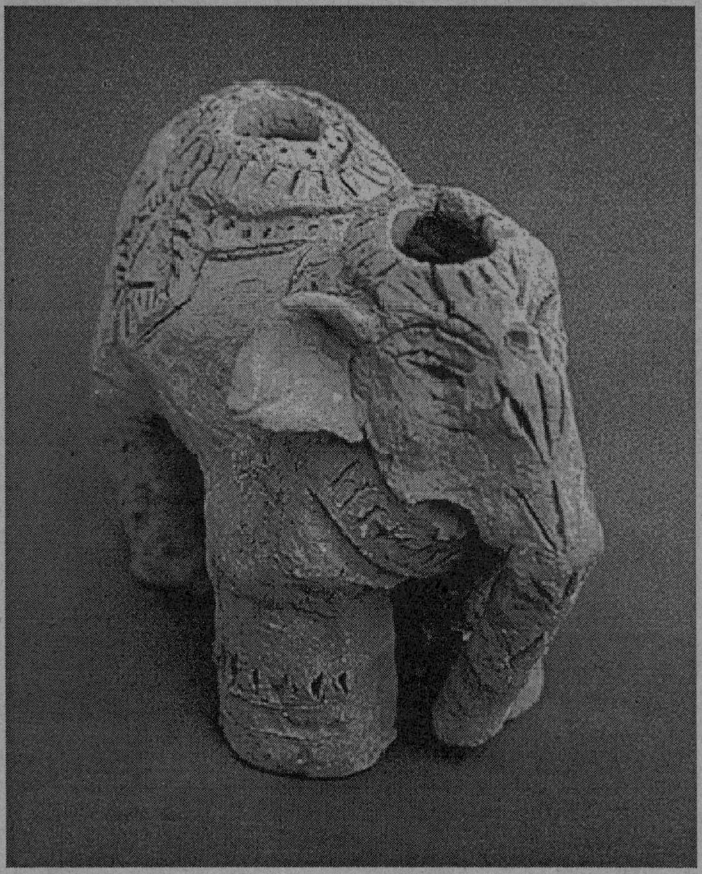

Tonelefanten

Für eine große und schwere Skulptur ist es sehr wichtig darauf zu achten, dass das Fundament oder die Füße stabil genug sind, sonst bricht sie leicht zusammen.

Benötigte Materialien

Tonzylinder.

So geht es

- Verbindet zwei Zylinder für die Vorderbeine.
- Danach verbindet ihr zwei Zylinder für die Hinterbeine.
- Formt eine rechteckige Tonplatte, die ihr als Verbindung über die Beine legt.
- Formt eine Hohlkugel für den Kopf und einen Zylinder für den Rüssel und verbindet die beiden.
- Arbeitet langsam und gründlich. Befestigt den Kopf an einem größeren Zylinder für den Körper und verbindet diesen mit der Fußkonstruktion.
- Fügt noch einzelne Elemente wie Ohren, Augen und Schwanz hinzu und streicht dann alles mit den Händen oder mit dem Lineal glatt.

Varianten

- Überlegt euch noch andere Tiere, die ihr mit dieser Tonzylindertechnik bauen könntet.

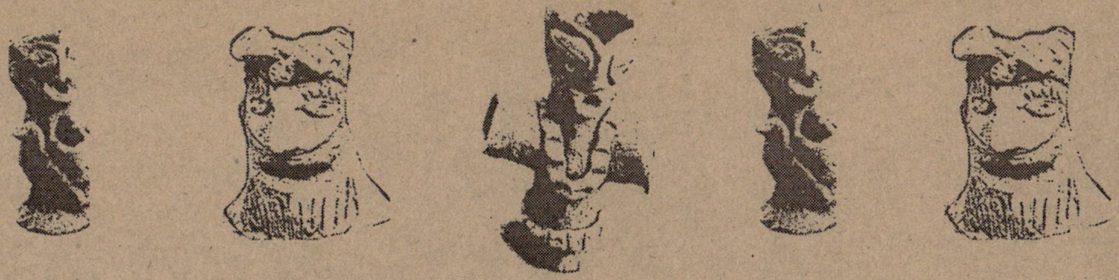

TONKÖPFE

Massive Tongebilde sind sehr schwer. Sie dürfen deshalb nicht zu groß sein.

Benötigte Materialien

Ton, Pulverfarben.

So geht es

- Formt aus dem Ton eine Kugel und modelliert daraus einen Kopf.
- Arbeitet einzelne Gesichtszüge, zum Beispiel Ohren und Nase, heraus.
- Drückt Vertiefungen für Augen und Mund ein.
- Lasst den Kopf trocknen oder, wenn ihr die Möglichkeit dazu habt, in einem Ofen brennen.
- Danach könnt ihr weitere Einzelheiten und Gesichtszüge aufmalen.

Varianten

- Wenn die Köpfe als Mobile aufgehängt werden sollen, muss ein Loch in den Kopf gebohrt werden, bevor er trocknet. Wenn er trocken ist, hängt ihr ihn an einem Faden auf.

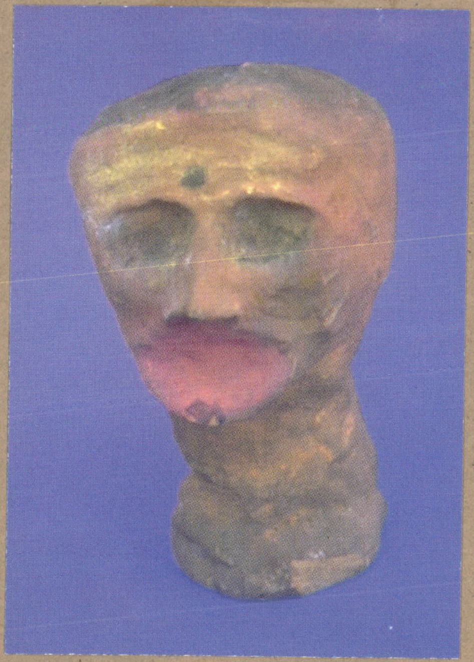

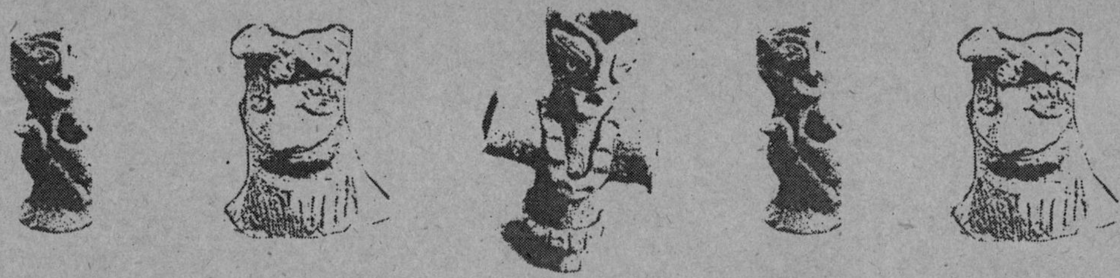

ZYLINDERMASKEN

Eine ganz einfache Art und Weise eine Fläche in eine dreidimensionale Form umzuarbeiten besteht darin, einen Zylinder herzustellen indem man die Enden eines Stück Papiers aneinanderklebt. Aus einem solchen Zylinder können dann dreidimensionale Kunstwerke wie Papiermasken entstehen. Diese können für Rollenspiele und Theaterstücke verwendet werden.

Benötigte Materialien

Schwarzes Tonpapier, Schere, Klebstoff, weiße Farbe, Pinsel.

So geht es

- Malt mit weißer Farbe ein Gesicht auf das Tonpapier.
- Schneidet Löcher für Augen, Mund und Nase hinein.
- Formt das Papier zu einem Zylinder und klebt die Enden mit Klebstoff zusammen.

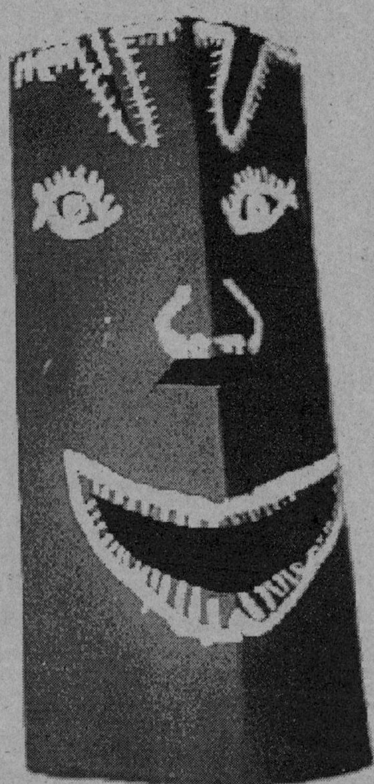

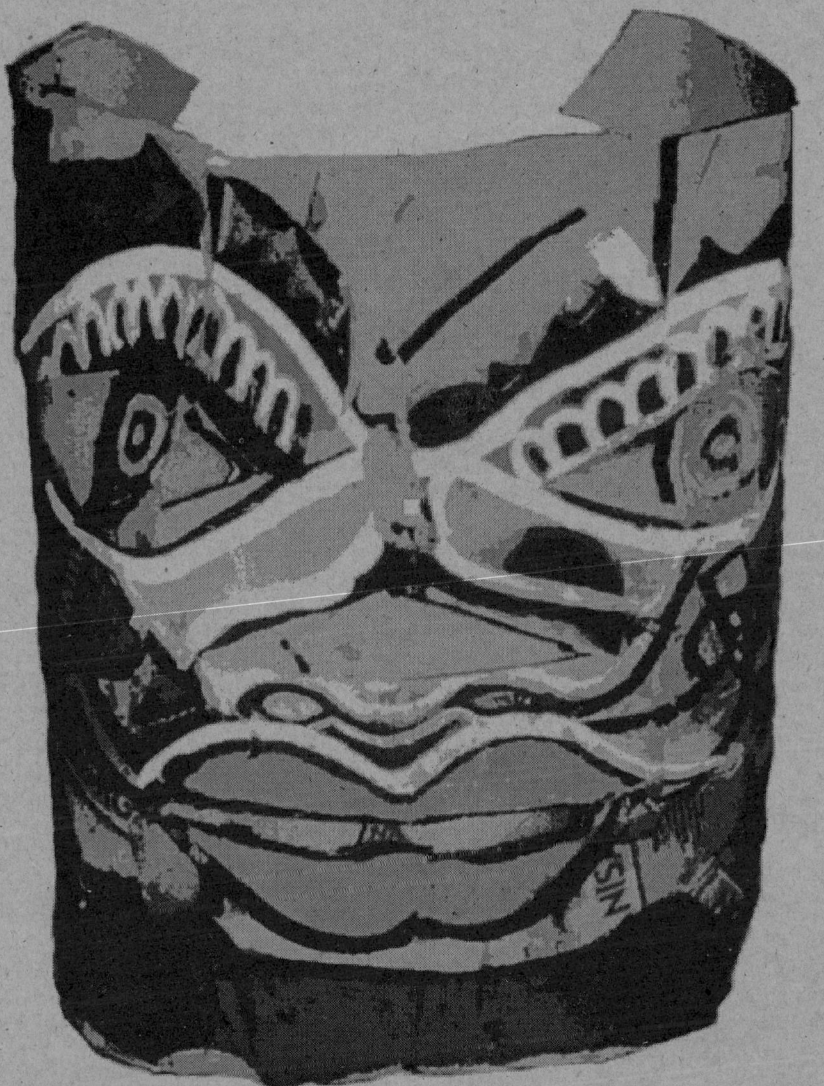

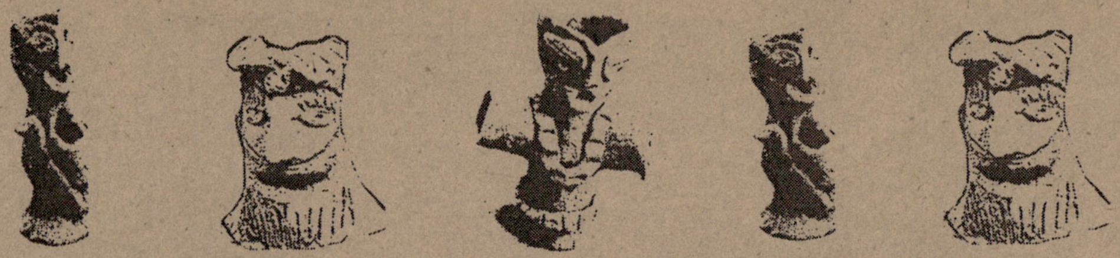

Handpuppen

Eine Fläche, zum Beispiel eine Papiertüte, bekommt durch Ausstopfen eine bestimmte Form.

Benötigte Materialien

Große braune Papiertüten, Zeitungspapier, schwarzes Tonpapier, Plakatfarben, Pinsel, Schere, Klebstoff, Schnur, Stock.

So geht es

- Stopft die braunen Papiertüten mit zusammengeknülltem Zeitungspapier aus und bindet das offene Ende mit Schnur zu.
- Was könnte man daraus machen? Ein Gesicht oder einen Tierkopf?
- Malt Gesichtszüge wie Augen, Mund und Nase auf.
- Schneidet schwarzes Tonpapier in dünne Streifen und klebt diese als Haare auf. Befestigt einen Stock an eurer Figur, so dass ihr sie als Handpuppe bewegen könnt.
- Ihr könnt dieser Puppe jetzt noch aus Papier ausgeschnittene Kleider anziehen.

Varianten

- Welche Sachen eignen sich noch zum Ausstopfen? Plastiktüten, alte Kissenbezüge oder Säcke?

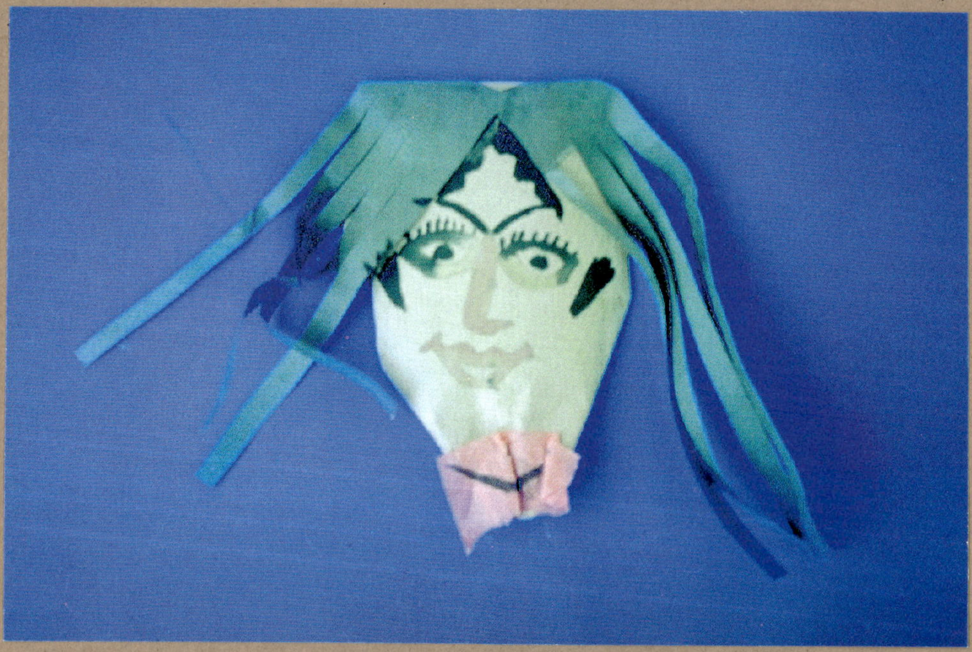

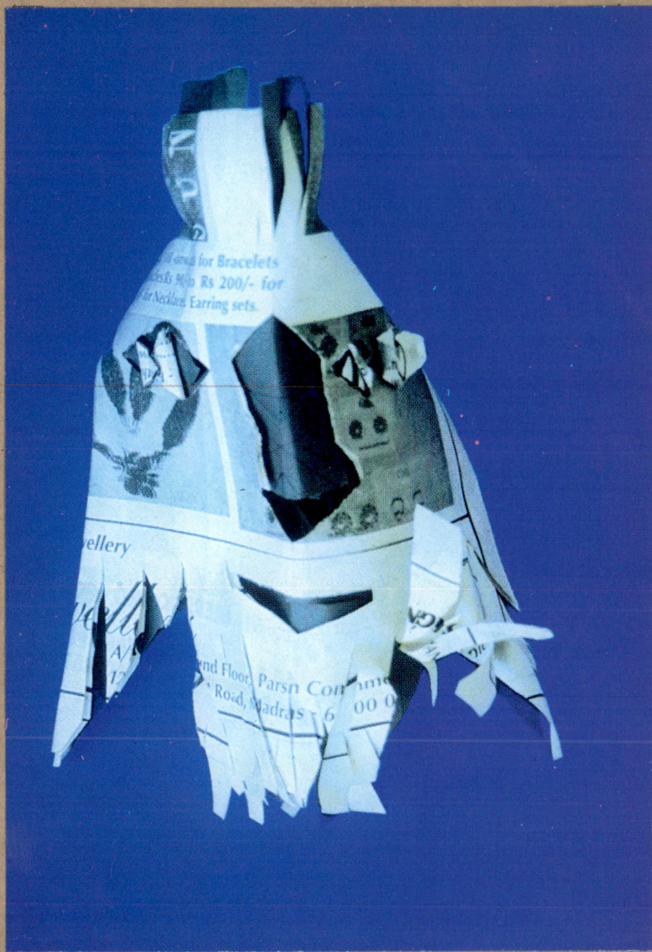

Mehrere Schichten

Benötigte Materialien

Zeitungspapier, schwarzcs Tonpapier, Schere, Klebstoff.

So geht es

- Zeichnet auf einem Stück Zeitungspapier ein Gesicht mit Augen, Mund und Nase auf, schneidet kleine Löcher für die Augen hinein. Dies ist die erste Schicht.
- Malt dasselbe Gesicht noch einmal auf schwarzes Tonpapier auf und schneidet etwas größere Löcher für Augen, Mund und Nase aus. Das ist eure zweite Schicht.
- Malt jetzt dasselbe Gesicht noch einmal auf ein Stück Zeitungspapier und schneidet noch etwas größere Löcher für Augen, Mund und Nase aus. Das ist eure dritte Schicht.
- Legt jetzt die dritte Schicht über die zweite, die zweite über die erste.
- Klebt die Schichten übereinander.
- Legt und klebt dieses dreifache Bild jetzt an den Rändern so aneinander, dass sich eine zylindrische Maske ergibt.

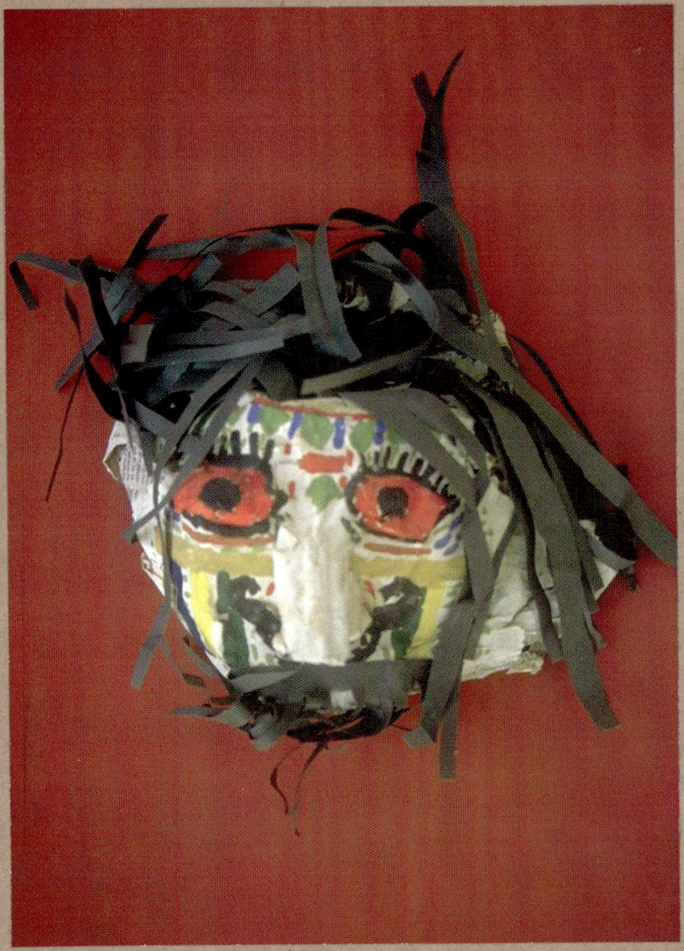

Papierskulpturen

Wenn man Papier auf verschiedene dreidimensionale Formen aufklebt, kann dies als Ausgangsmaterial für das Experimentieren mit Form dienen.

Benötigte Materialien:

Zeitungspapier, Klebstoff, ein kleiner Blumentopf, Wasser.

So geht es

- Feuchtet den Blumentopf außen etwas an.
- Reißt das Zeitungspapier in kleine Stückchen und feuchtet es an.
- Bedeckt den Blumentopf mit einer Schicht von feuchtem Zeitungspapier.
- Bedeckt diese erste Schicht mit Klebstoff und legt eine zweite Schicht feuchter Zeitungspapierstückchen darüber.
- Macht das so oft, bis ihr den Topf mit einer dicken, gleichmäßigen Schicht Zeitungspapier bedeckt habt.
- Nehmt den Blumentopf aus der Zeitungspapierform heraus.

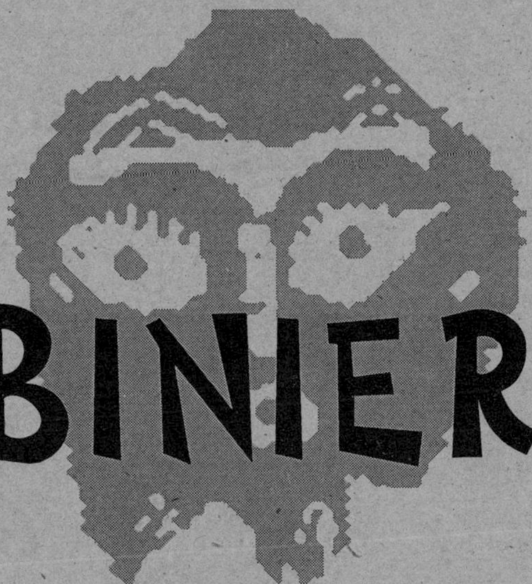

Kombinieren und Gestalten

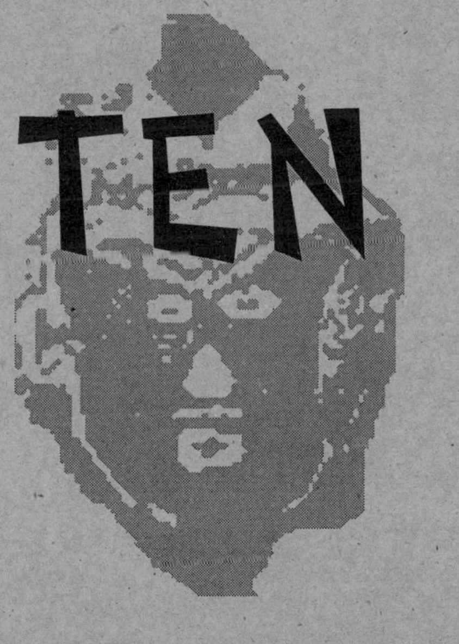

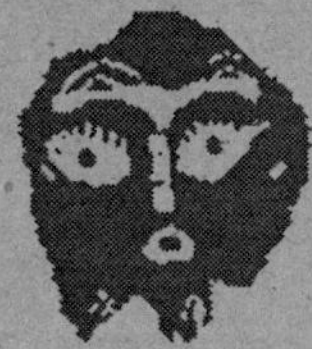
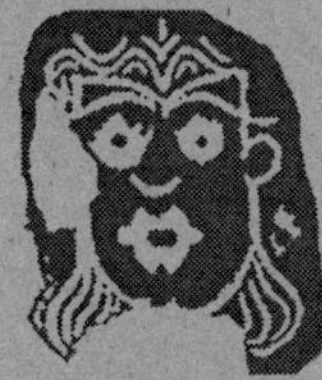

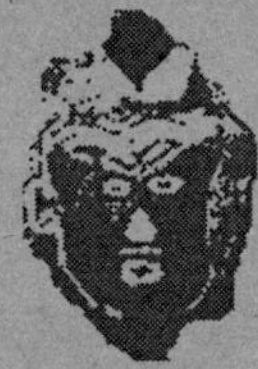

Verschiedene Materialien und Techniken zu kombinieren regt zu kreativer Bildgestaltung an. Bei dieser Kombinationsarbeit wird deutlich, welche unterschiedlichen Elemente eine Rolle für die Bildgestaltung spielen: Größe, Form und Raum. Eine gute Art und Weise Bilder gestalten zu lernen ist eine einführende Gruppenarbeit, bei der jedes Kind oder jeder Erwachsene ein Element zum Ganzen beisteuert.

Es ist schwierig in Worten auszudrücken, wie eine ansprechende Bildgestaltung aussieht. Ein Gefühl für harmonische und ausgeglichene Gestaltung kann schon das Einzeichnen einer weißen Linie auf einem schwarz gefärbten Bogen Zeitungspapier geben. Es ist wichtig zu wissen, wann und wo man aufhören muss. Eine ansprechende Bildgestaltung kann sehr oft mit nur minimalem Aufwand erreicht werden. Anordnung der Elemente, Planung und Verständnis eines Bildes führen zu einer harmonischen Komposition.

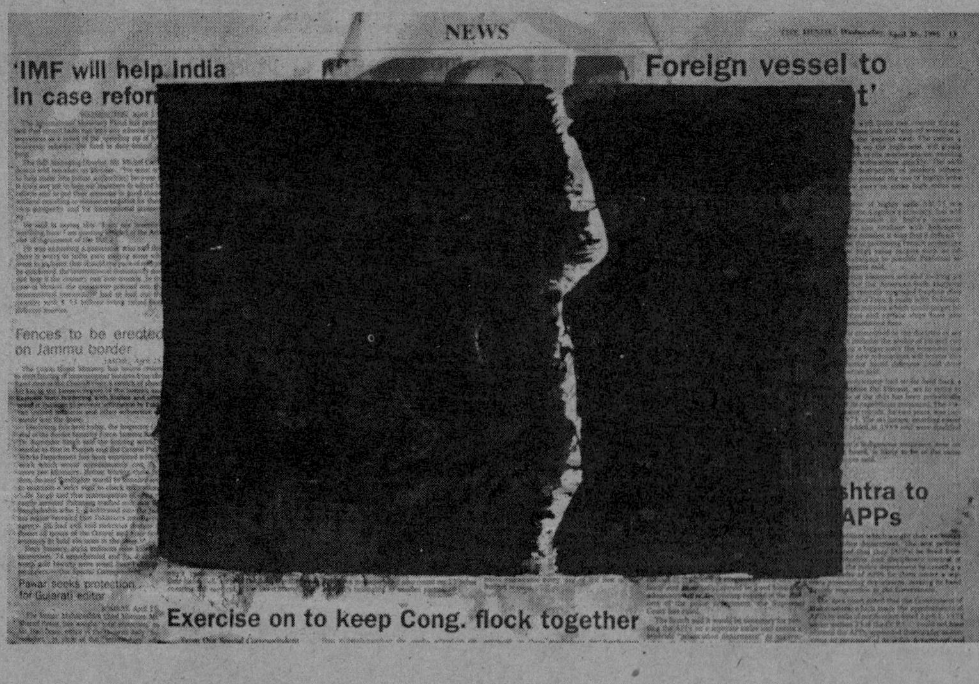

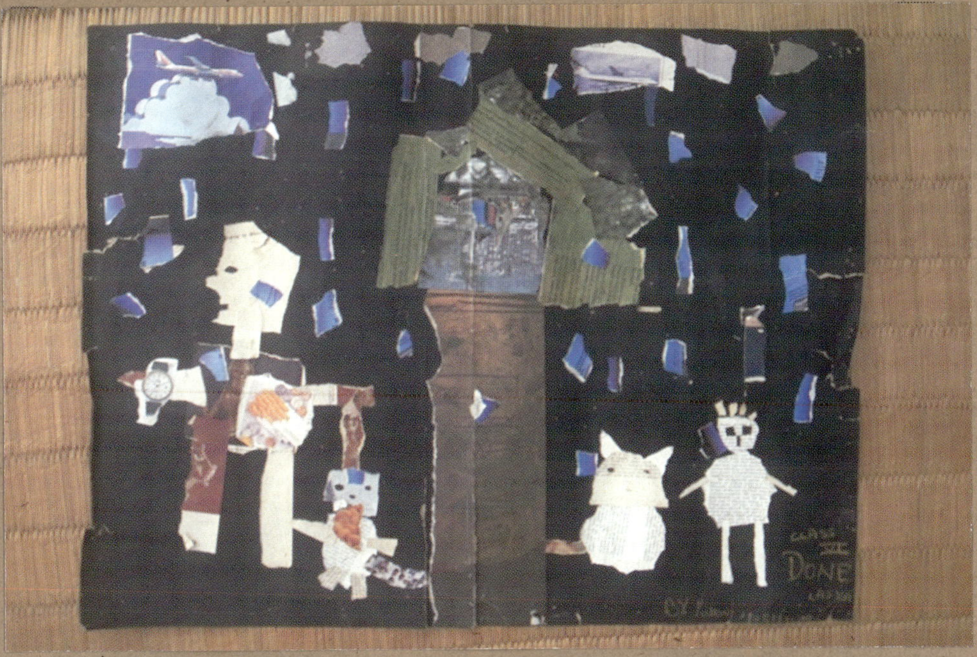

Collage

Die Collagetechnik ist besonders dazu geeignet, Kindern die Bildgestaltung nahezubringen, die nur ungern malen. Man kann einen Sinn für Form, Farbe und Bildgestaltung entwickeln, indem man von einem Thema ausgeht und auf zufällig entstandenen Formen aufbaut.

Benötigte Materialien

Schwarzes Tonpapier, farbiges Papier, Blätter aus Illustrierten, Klebstoff.

So geht es

- Reißt die Illustrierten-Blätter in unterschiedlich große und unterschiedlich geformte Stücke. Überlegt euch dann, aus welchen Stücken was entstehen soll, Menschen, Häuser, Bäume, Regentropfen?
- Legt die Stückchen auf das Hintergrundpapier und gruppiert sie so oft um, bis euch die Anordnung gefällt.
- Klebt sie dann auf dem Hintergrundpapier fest.
- Verziert und ergänzt das Bild noch mit farbigen Papierschnipseln.

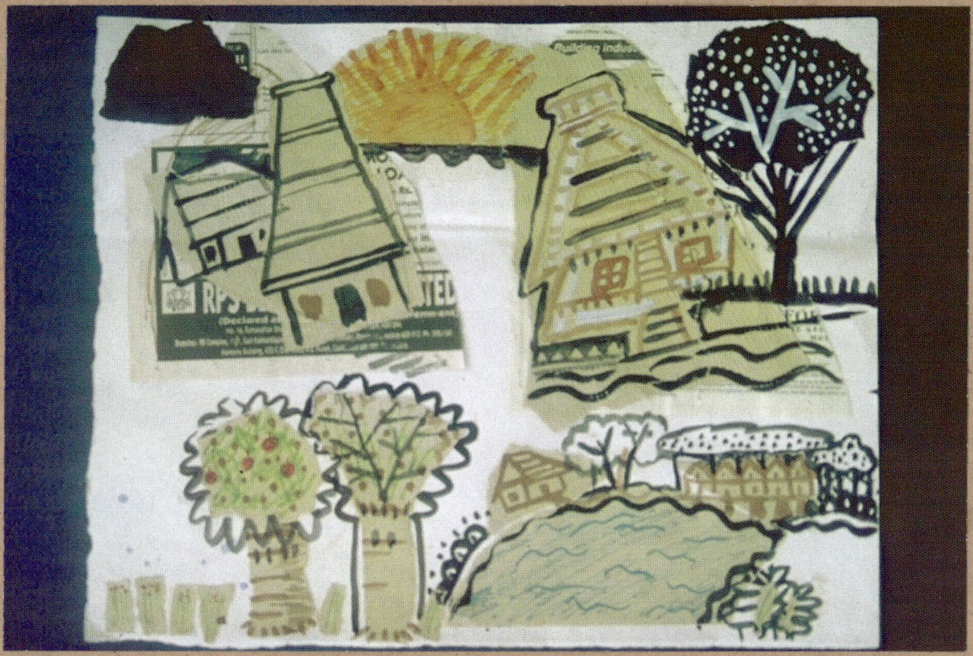

Stück für Stück zusammensetzen

Was gehört dazu ein Bild zu gestalten? Um das herauszufinden kann man die einzelnen Elemente eines Bildes zunächst einzeln anfertigen und sie dann erst zu einem Bild zusammensetzen.

Benötigte Materialien

Weißes Papier, Buntstifte, Filzstifte, Schere, Klebstoff.

So geht es

- Schneidet das weiße Papier in kleine Quadrate oder Rechtecke.
- Überlegt euch, welches Thema ihr in eurem Bild behandeln wollt. Welche Dinge sollten in einem Bild vorkommen, das einen Bezug zu eurem Thema hat?
- Gestaltet diese Elemente aus den Papierstücken und bemalt sie. Ihr könnt sie ausreißen oder ausschneiden.
- Gruppiert die einzelnen Elemente auf einem anderen Blatt Papier, probiert verschiedene Kombinationen aus, bis ihr eine Anordnung gefunden habt, die euch gefällt.
- Schaut euch jetzt den Hintergrund an. Sollte er bemalt werden? Welche Beschaffenheit sollte er haben?
- Klebt dann die einzelnen Elemente auf den Hintergrund.
- Verbindet die einzelnen Elemente durch Linien.

Varianten

- Ihr könnt die einzelnen Elemente auch aus farbigem Papier ausschneiden.

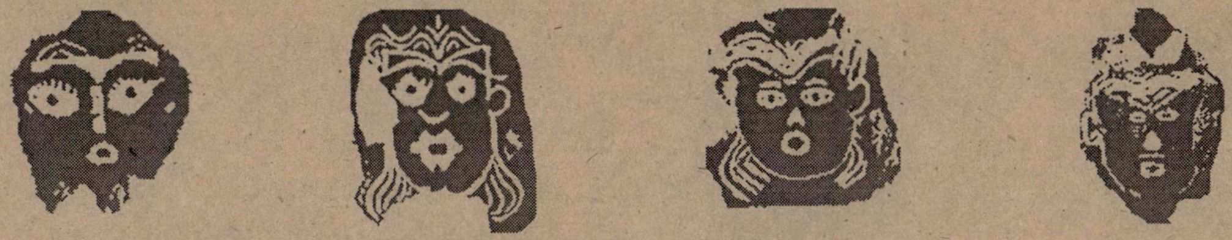

Mit Illustrierten arbeiten

Eine Illustriertenseite eröffnet viele Gestaltungsmöglichkeiten. Sie bietet Farben, Farbschattierungen und hat eine eigene Beschaffenheit. Unterschiedliche Betrachter werden kaum jemals dasselbe in einer Illustriertenseite "sehen". Jede Interpretation ist einzigartig und individuell. Darauf lässt sich eine eigene Bildkomposition aufbauen.

Benötigte Materialien

Illustrierte, Buntstifte.

So geht es

- Schaut euch die Buchstaben, die Formen und Farben in einer Illustrierten an. Welche Ideen habt ihr dazu? Wie könnt ihr daraus etwas machen?
- Fügt eure eigenen Elemente hinzu und malt das Ganze mit Buntstiften farbig aus.

Varianten

- Probiert dieselbe Technik mit Zeitungsseiten statt Illustrierten aus.

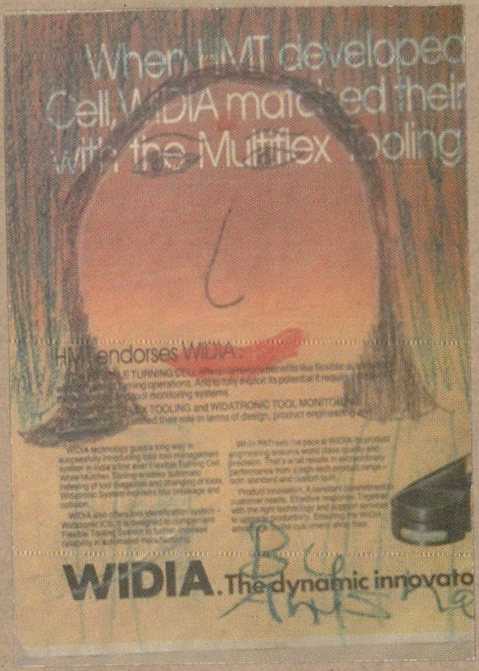

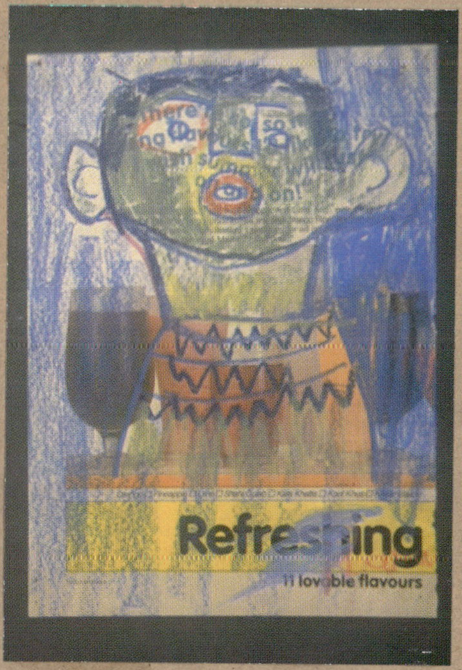

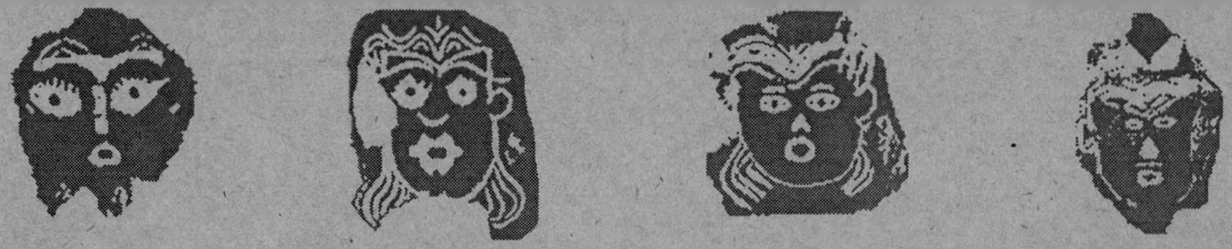

Geister

Benötigte Materialien

Alte, ausgebleichte Bögen schwarzes Tonpapier und Packpapier, kräftige Pulverfarben, Schere, Klebstoff, Pinsel.

So geht es

- Breitet einen alten, ausgebleichten Bogen schwarzes Tonpapier als Hintergrund auf dem Boden aus.
- Schaut euch die ausgebleichten Stellen an und versucht, "Figuren" darin zu erkennen. Dann wählt ihr ein entsprechendes Thema.
- Umrandet die Figuren zunächst einmal mit Pulverfarbe und fügt Einzelheiten wie Augen, Nase, Mund, Haare und Hände hinzu.
- Malt auf Packpapier Kleider auf und schneidet sie aus.
- Klebt diese auf den Hintergrund auf.
- Fügt mit schwarzer Farbe noch weitere Einzelheiten hinzu.

Varianten

- Ihr könnt die Elemente aus Packpapier auch ausreißen statt sie auszuschneiden.

Dieses Bild ist eine Gruppenarbeit von acht Kindern. Es zeigt, wieviel aus einem ausgebleichten Stück Papier entstehen kann, wenn man sich die Tönungen genau anschaut und sich von ihnen inspirieren lässt.

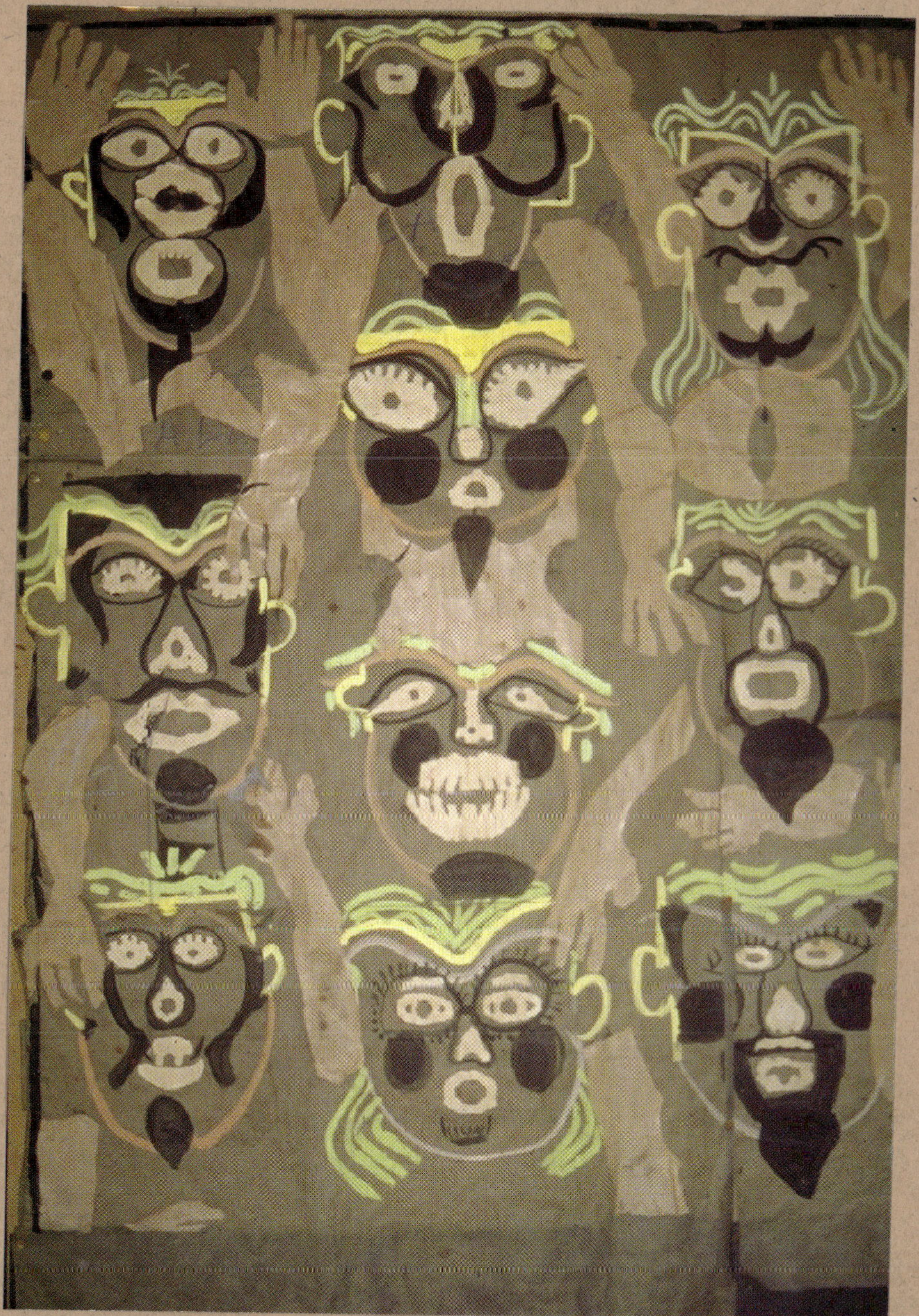

Bildgestaltung mit verschiedenen Farbtönen

Benötigte Materialien

Ausgebleichte Bögen schwarzes Tonpapier und braunes Packpapier, schwarze und weiße Plakat- oder Pulverfarbe, Pinsel, Klebstoff, Pinnadeln.

So geht es

- Befestigt vier große Bögen Packpapier entweder mit Pinnadeln an einem Brett oder breitet sie auf dem Fußboden aus. Dann klebt ihr die Ränder der Papierbögen aneinander, so dass ihr einen großen Hintergrund erhaltet.
- Schneidet Kreise aus dem schwarzen Papier aus und verteilt sie nach Belieben über den Hintergrund. Ihr könnt auch andere abstrakte Formen oder Tierfiguren ausschneiden.
- Malt mit der weißen Farbe Muster auf diesen Hintergrund oder vervollständigt damit die angedeuteten Figuren und Gesichter.
- Fügt weitere Einzelheiten oder Figuren mit schwarzer Farbe hinzu.

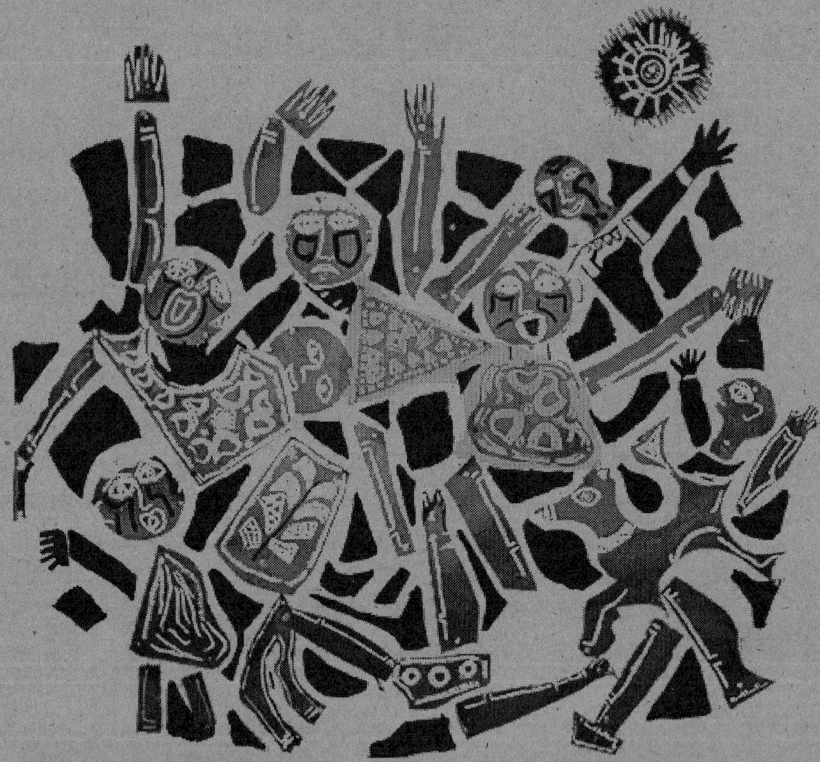

Dieses Wandbild ist eine Gruppenarbeit für einen Theaterworkshop zum Thema Jugend und Veränderung.

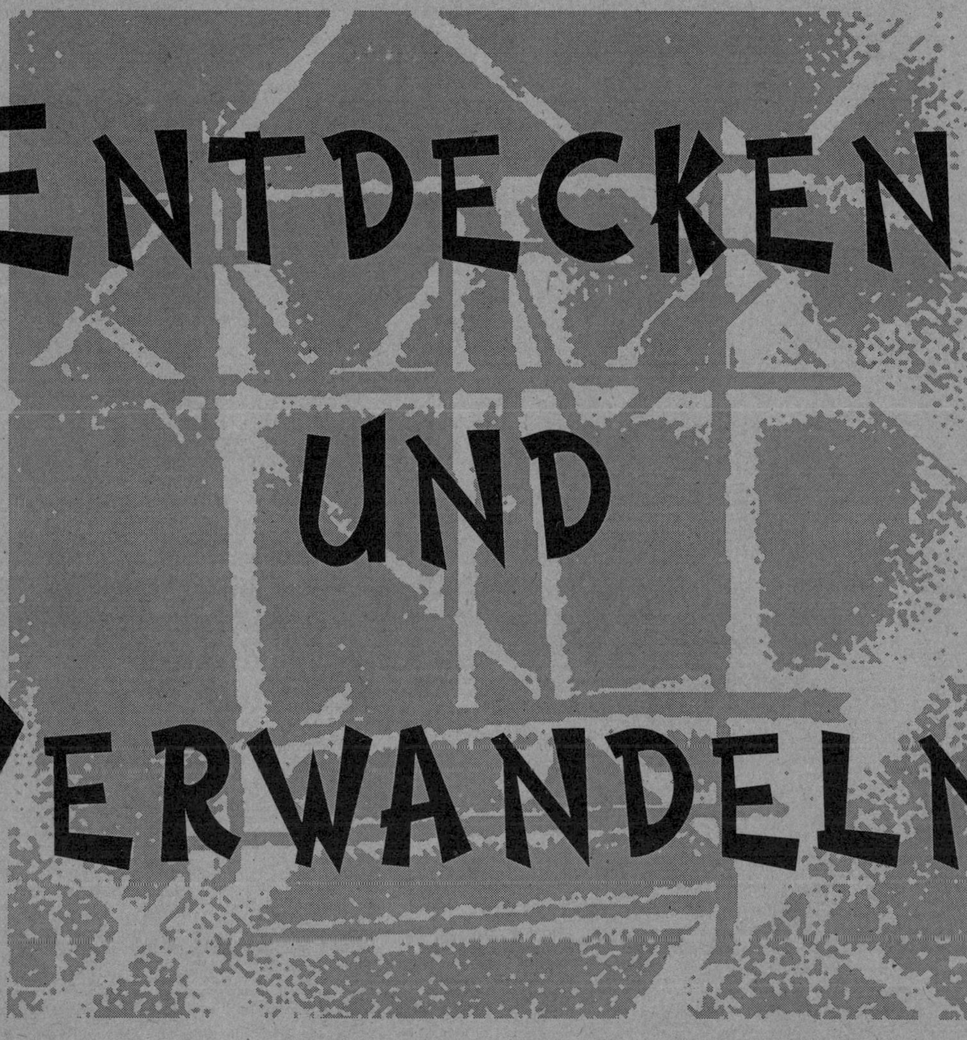

Entdecken und Verwandeln

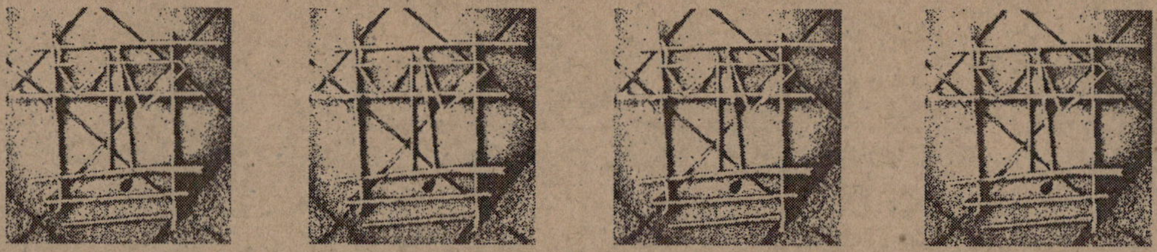

Kinder spielen gerne mit den Materialien herum. Wenn sie sich mit Ton bewerfen, kann das auch für den Kunstunterricht genutzt werden. Kunst entsteht oft auf seltsame Art und Weise, durch Spielereien oder zufällige Entdeckungen, durch ungewohnte Verwendung alltäglicher Gegenstände oder Materialien.

Kinder sind oft sehr enttäuscht, wenn ihre Arbeit "ruiniert" wurde, durch einen versehentlichen Farbklecks oder Fingerabdrücke. Wie kann man aus diesem Chaos wieder Ordnung schaffen? Aber auch sonst ist man mit der Entwicklung eines Bildes oft unzufrieden. Anstatt diese angefangenen, "misslungenen" Arbeiten einfach wegzuwerfen kann man diese erneut anschauen, darüber nachdenken und ihnen neues Leben geben. Eine gute Idee ist es auch, Arbeiten, mit denen man unzufrieden ist, eine Weile wegzulegen und später wieder anzuschauen. Dann wirken sie ganz anders.

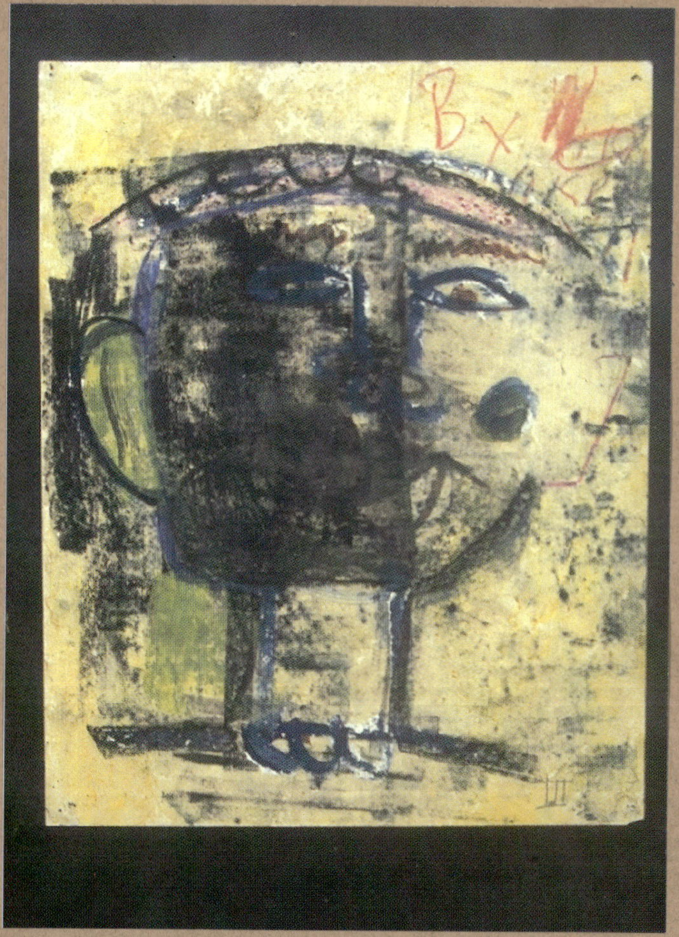

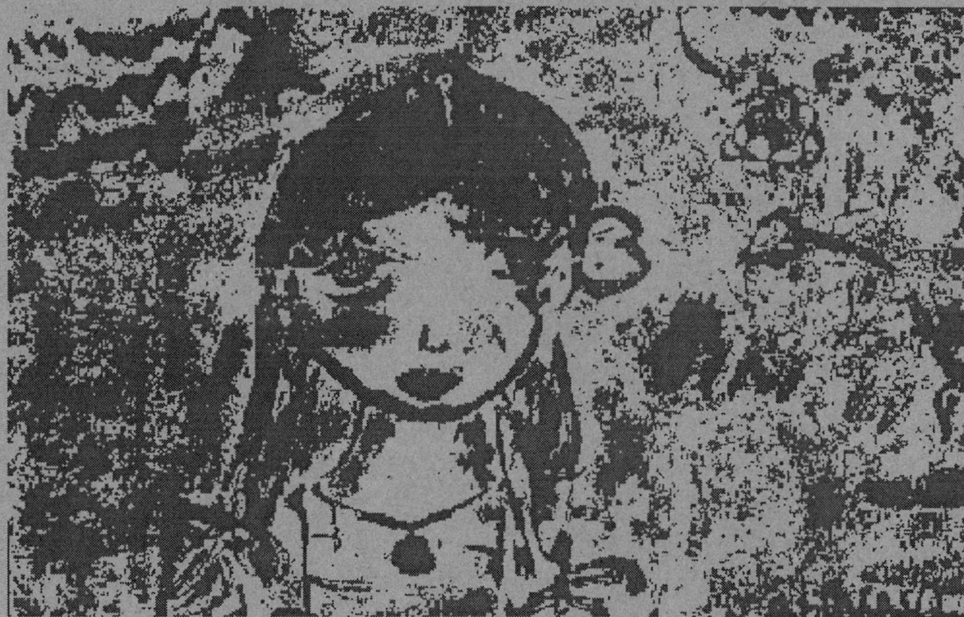

"Misslungene" Bilder

Ein Kind war unglücklich über die Fingerabdrücke, mit denen es sein Entenbild verschmiert hatte. Wie ließ sich das positiv umwandeln? Aus den Klecksen wurden Körner, als Futter für die Enten. So waren das Kind und die Enten zufrieden.

Benötigte Materialien

Plakatfarben, Pinsel.

So geht es

- Schaut euch ein Bild, das ihr für misslungen haltet, noch einmal genau an.
- Seht ihr eine andere Form oder Figur darin? Könnt ihr euch überlegen, wie diese in das Bild eingepasst werden könnte?
- Zeichnet diese "neue Figur" mit einem Pinsel und schwarzer Farbe nach. Integriert sie in euer Bild.

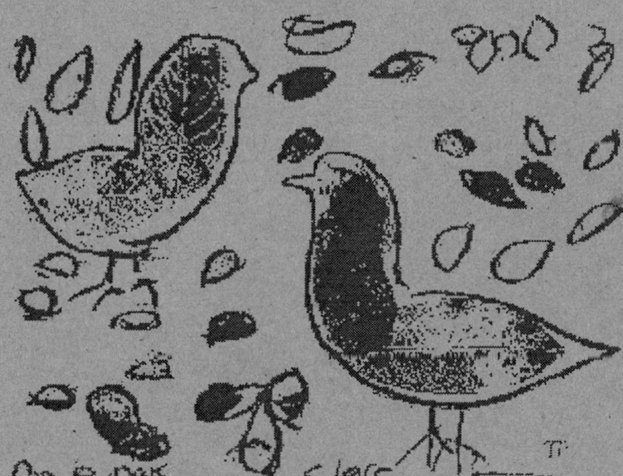

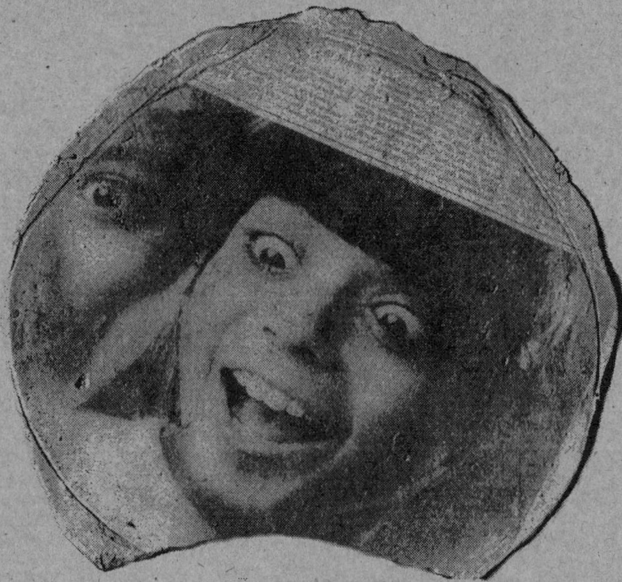

Magische Verlagerungen

Dieser tolle Abdruck war das Ergebnis einer zufälligen Entdeckung. Ein Tonklumpen wurde über Nacht in ein Stück Zeitungspapier eingewickelt gelagert. Die Zeitung blieb an dem Tonklumpen haften. Als sie davon abgelöst wurde, blieb ein Bildabdruck auf der Tonoberfläche zurück.

Benötigte Materialien

Ton, Zeitungspapier.

So geht es

- Drückt den Ton zu einer flachen Platte.
- Sucht euch aus dem Zeitungspapier ein Stück aus, das ihr drucken wollt, und presst es auf die Tonoberfläche.
- Das Ganze lasst ihr trocknen.
- Löst die Zeitung vorsichtig von der Tonplatte ab.

Varianten

- Testet auch andere Materialien um Abdrücke zu erzeugen.

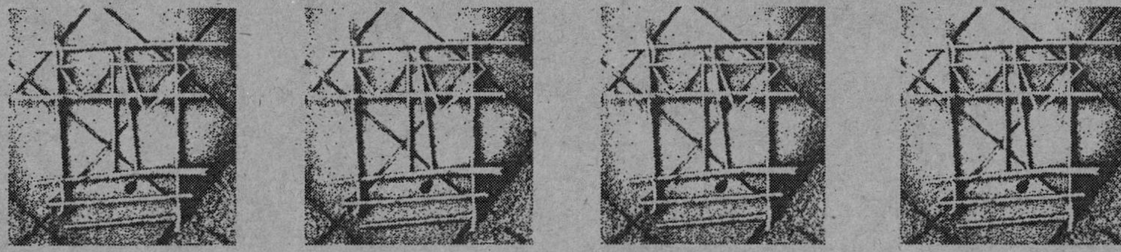

Eine Leinwand basteln

Benötigte Materialien

Papier, ein altes Stück Stoff, Reispuder (in Asien-Shops erhältlich), Klebstoff, Wasser.

So geht es

- Klebt mehrere Bögen Papier übereinander, so dass ihr einen dicken Papierbogen bekommt. Ihr könnt auch das etwas dickere Tonpapier verwenden.
- Auf das Papier wird Klebstoff aufgetragen und der Stoff gut darauf festgeklebt.
- Aus Reispuder und Wasser stellt ihr eine Paste her und verteilt sie auf dem Stoff. Jetzt muss das Ganze trocknen.
- Mit Öl-, Wasser- oder sonstigen Farben könnt ihr nun auf dieser "Leinwand" malen.

Varianten

- Ihr könnt als Grundlage für eure Leinwand auch einen gefütterten Briefumschlag verwenden.

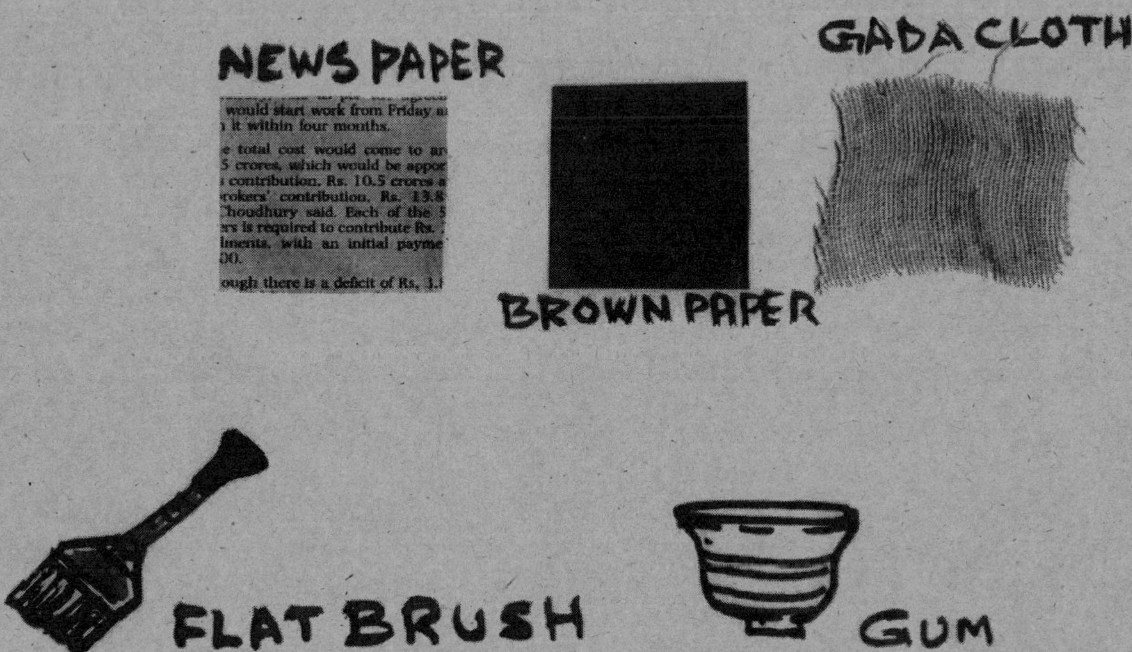

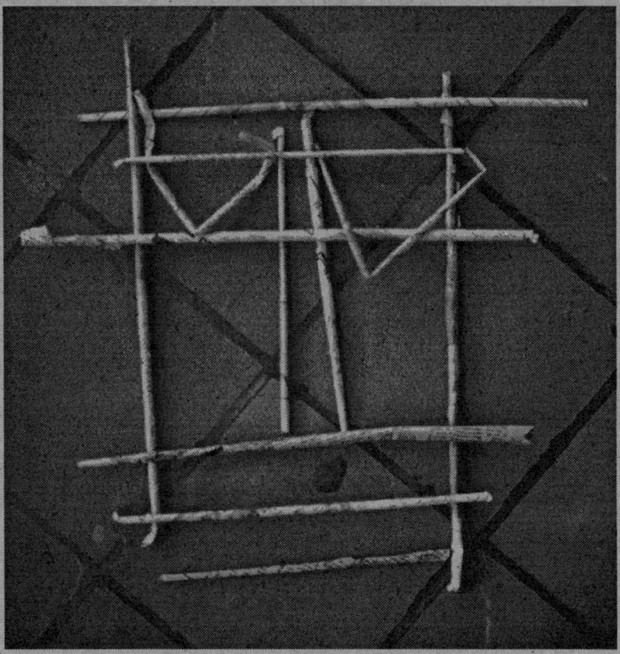

Zeitungsstäbe

Dies ist ein Grundelement, das in vielerlei Hinsicht nützlich sein kann. Die Kinder können die Zeitungsstäbe zu Mustern legen, oder sie als Stäbe für Handpuppen verwenden. Oder sie können ein ganzes Puppentheater damit gestalten. Man kann die Stäbe auch als Relief auf einen Hintergrund kleben und bemalen.

Benötigte Materialien

Zeitungspapier, Schere, Klebstoff.

So geht es

- Schneidet ein rechteckiges Stück Zeitungspapier aus.
- Fangt von einer Seite her an, die Zeitung eng aufzurollen und haltet sie mit Klebstoff zusammen.
- Wenn ihr einen hohlen Zeitungsstab haben wollt, rollt ihr das Papier fest über einen Bleistift, zieht den Stift dann heraus und klebt die Rolle zusammen.
- Macht so noch mehrere Zeitungsstäbe verschiedener Länge und Dicke.

Varianten

- Probiert dasselbe mit Illustriertenpapier oder farbigem Tonpapier.

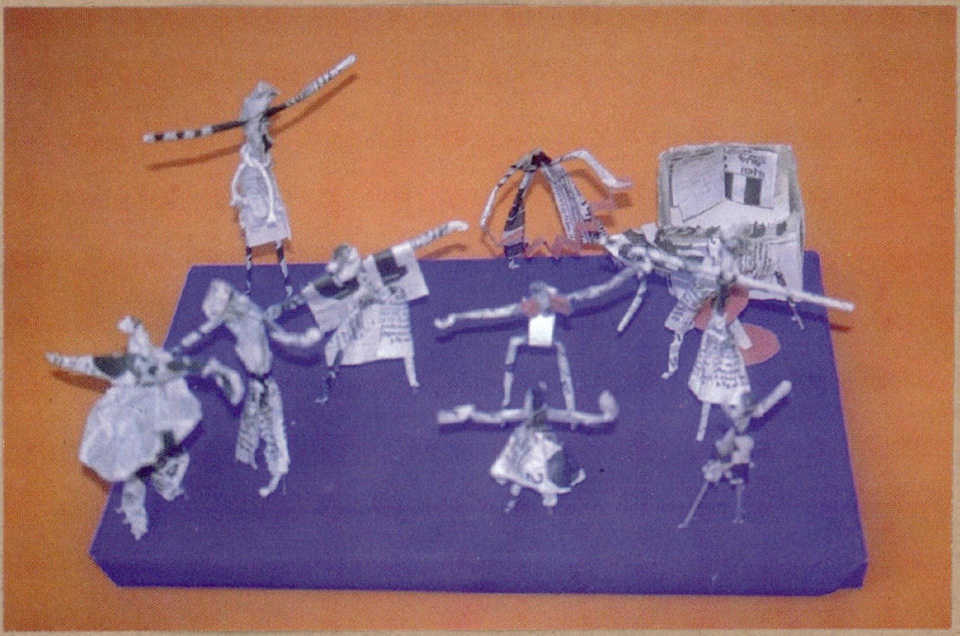

Szenen gestalten

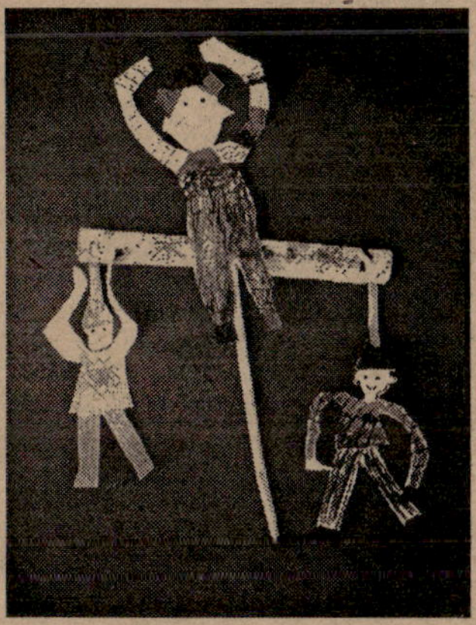

Benötigte Materialien

Zeitungsstäbe, Schere, Klebstoff, farbiges Tonpapier, Styropor, Zahnstocher, Heftmaschine.

So geht es

- Bastelt Puppen aus Zeitungsstäben, indem ihr verschiedene Stäbe als Körper, Arme und Beine aneinander klebt oder mit Heftklammern zusammenfügt.
- Zieht den Puppen Kleider eurer Wahl aus Papierschnipseln, Bonbon- oder Schokoladenpapier an.
- Stellt die Puppen dann auf einer mit farbigem Tonpapier abgedeckten Styroporplatte auf.
- Damit sie stehen bleiben, könnt ihr Zahnstocher in die Beine stecken und die Figuren dann auf die Styroporplatte aufstecken.

Varianten

- Was könntet ihr mit diesen Figuren machen?
- Sie könnten Sänger, Sportler oder Tänzer darstellen.
- Ihr könntet damit zum Beispiel ein ganzes Puppenhaus oder eine Weltraumstation gestalten. Ihr könnt aus den Zeitungsstäben auch Möbelstücke und andere Gebrauchsgegenstände herstellen.

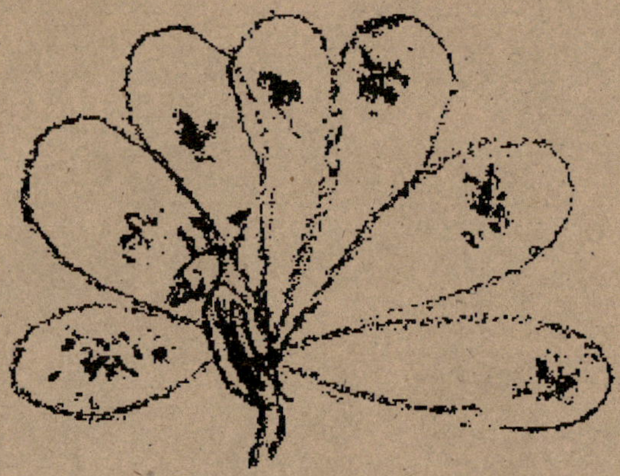

Hüpfspiel

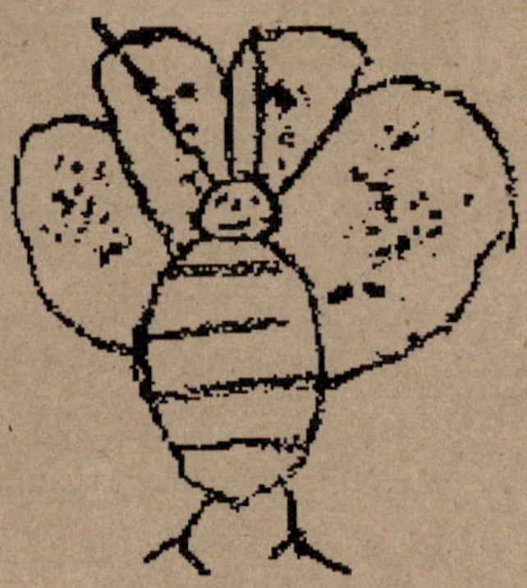

Die Idee zu dieser Arbeit entstand durch ein einfaches Kinderspiel. Diese Arbeit wird auch ganz kleinen Kindern gefallen, größere Kinder können ihr Bild sorgfältiger ausarbeiten.

Benötigte Materialien

Papier, Buntstifte, Filzstifte.

So geht es

- Legt eure Hände mit der Handfläche nach unten auf ein Stück Papier. Mit einem Stift in der anderen Hand hüpft ihr dann über die einzelnen Finger und macht dabei Tupfen oder Striche auf das Papier.
- Ihr könnt dazu einen passenden Hüpf- oder Abzählreim, den ihr kennt, singen. Ihr könnt auch eigene Reime erfinden.
- Nehmt eure Hand vom Papier und schaut euch die Hüpfmarkierungen an. Könnt ihr daraus ein Bild gestalten?

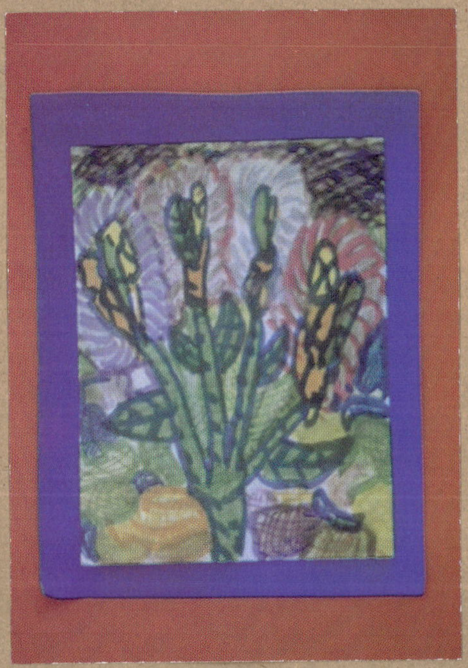

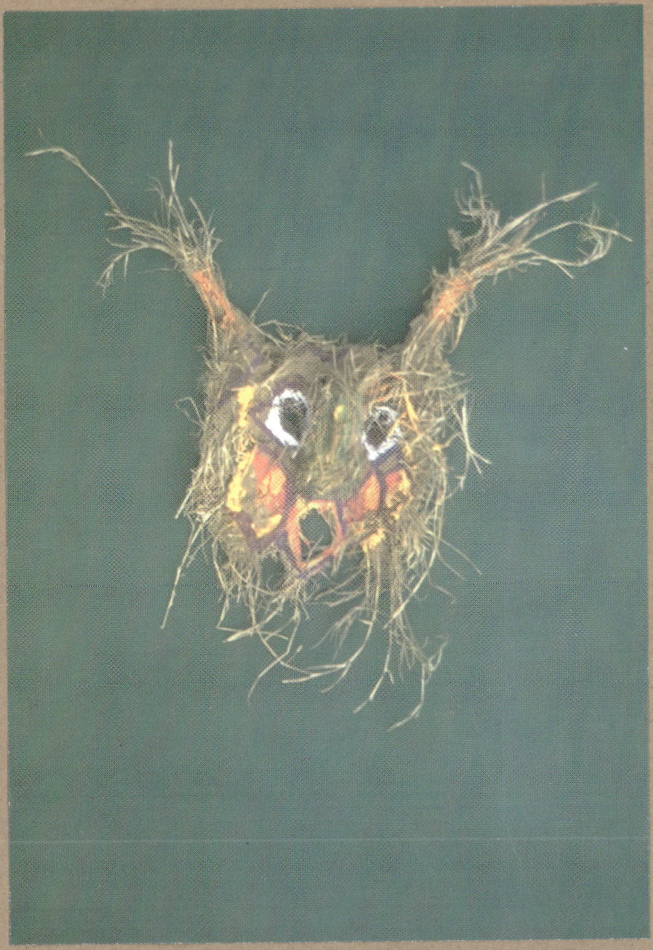

LEHM UND STROH

Getrocknetes Gras und Lehm sind Materialien, die in traditioneller Stammeskunst sehr viel verwendet werden.

Benötigte Materialien

Lehm oder Ton, Stroh oder getrocknetes Gras/Heu, kräftige Plakatfarben.

So geht es

- Gebt etwas Lehm oder Ton über ein Bündel Stroh, so dass es zusammenklebt.
- Welche "Formen" seht ihr darin? Eine Maske, einen Menschen- oder Tierkopf?
- Macht aus Tonschnecken Augen, Mund und Nase für eure Figur.
- Das Stroh kann zum Beispiel die Haare, Mähne oder den Bart einer Figur darstellen.
- Malt die Figur mit leuchtenden Farben an und fügt Muster hinzu.
- Präsentiert die Strohmasken auf farbigem oder schwarzem Papier.

Varianten

- Probiert noch andere natürliche Materialien aus, zum Beispiel Weizenähren, Blätter, Zweige oder Kokosnuss-Schalen.

Strohpferde

Stroh lässt sich sehr vielseitig verwenden.

Benötigte Materialien

Stroh, Schnur, Schere.

So geht es

- Bindet eine Handvoll Stroh mit Schnur zusammen, so dass ein Körper für das Pferd entsteht.
- Bindet ein weiteres Bündel für Kopf und Hals zusammen.
- Gestaltet dann ebenso aus Stroh vier Beine für das Pferd, die ihr mit Schnur am Körper befestigt.

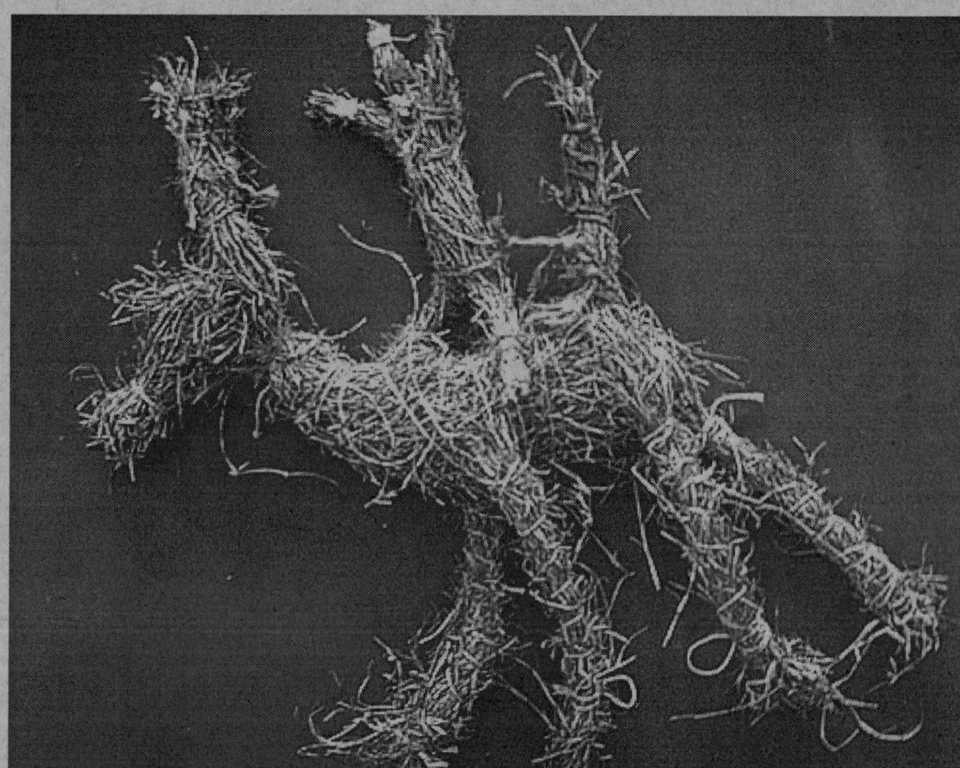

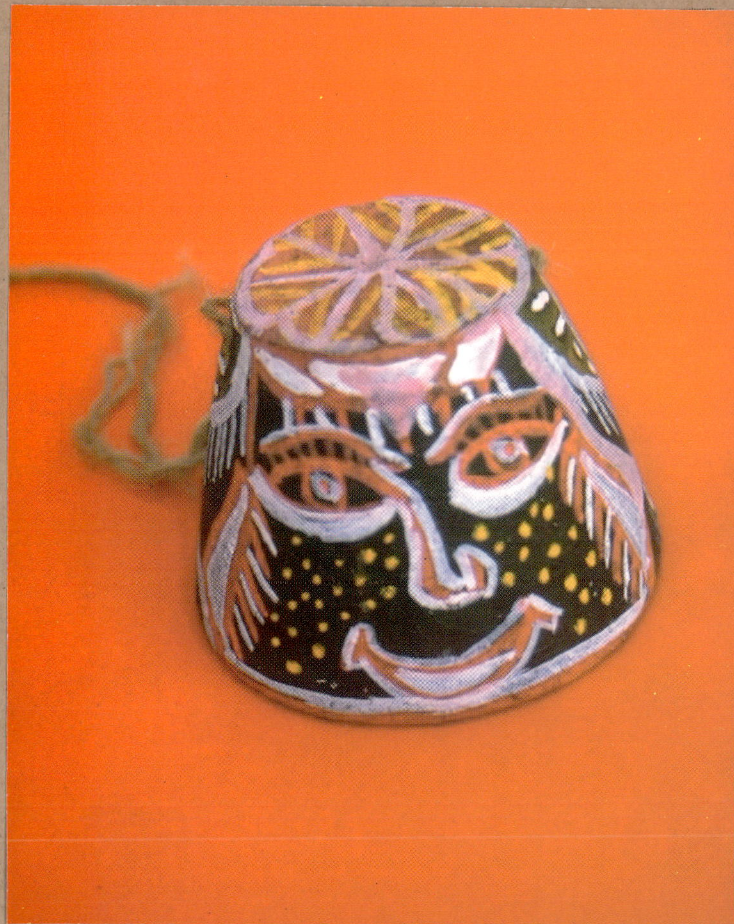

Topfkunst

Kleine Blumentöpfe lassen sich ganz einfach in Mobiles oder Handpuppen verwandeln.

Benötigte Materialien

Blumentopf aus Ton, Plakat- oder Pulverfarben, Pinsel, Schnur.

So geht es

- Bohrt ein Stück oberhalb des Topfbodens an gegenüber liegenden Seiten zwei Löcher in den Blumentopf.
- Zieht eine Schnur durch die Löcher, so dass der Topf mit dem Boden nach oben hängt.
- Malt ein Gesicht auf den Blumentopf, gestaltet es mit Farben und Mustern so wie es euch gefällt.

Varianten

- Was könntet ihr noch aus einem Blumentopf gestalten?

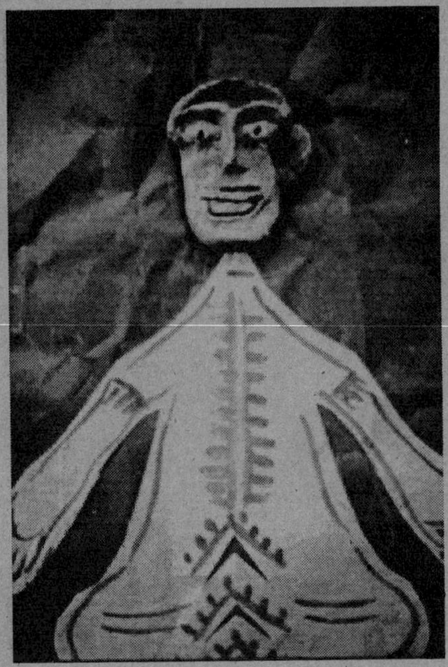

Kunst kreativ ausstellen

Es sollte kein Druck auf die jungen KünstlerInnen ausgeübt werden. Nicht fertig gestellte oder nicht ganz gelungene Arbeiten können durch einfallsreiche Präsentation positiv verwandelt werden.

Benötigte Materialien

Staffelei oder Tafel, weißes Zeichenpapier, unfertige oder zerbrochene Tonfiguren, Schnur, Pinnnadeln, schwarze Farbe und Pinsel oder schwarzer Filzstift.

So geht es

- Das weiße Papier befestigt ihr an einer Staffelei oder an einer Tafel.
- Bindet die Tonköpfe an Schnüren fest und lasst sie mit Pinnnadeln von der Staffelei hängen.
- Mit schwarzer Farbe oder schwarzem Filzstift könnt ihr jetzt zu jedem Kopf einen Körper auf das Papier zeichnen.

Varianten

- Welche Arten von Präsentationen fallen euch noch ein? Können sich aus den Tonstücken oder Tonfragmenten noch andere Themen ergeben?
- Versucht einmal zerbrochene Tonköpfe auf einen Hintergrund zu kleben. Fügt noch weitere Einzelheiten hinzu.

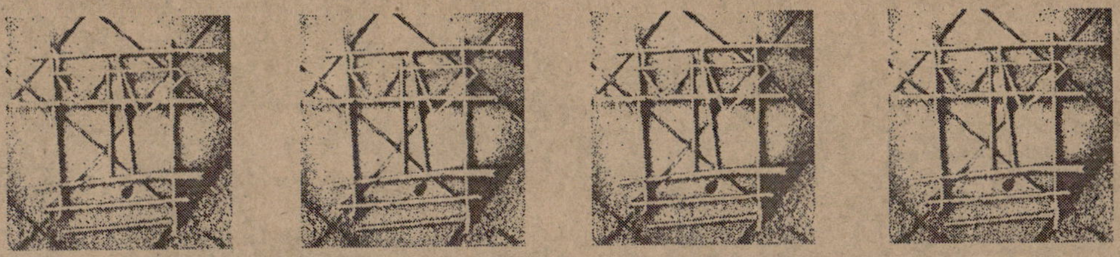

Mit Kunst durchs Jahr

Kreative Arbeiten können ganz praktischen Nutzen finden.

Benötigte Materialien

Kleine Bilder, Kartonpapier, weißes oder farbiges Zeichenpapier, schwarzer Filzstift, Klebstoff.

So geht es

- Gestaltet auf weißem oder farbigem Zeichenpapier einen Kalender. Ihr könnt dazu auch Kalenderblätter photokopieren.
- Klebt das vorgefertigte Kalenderblatt auf das Kartonpapier und lasst etwas Raum für das Bild.
- Klebt das Bild zum Kalenderblatt auf das Kartonpapier.

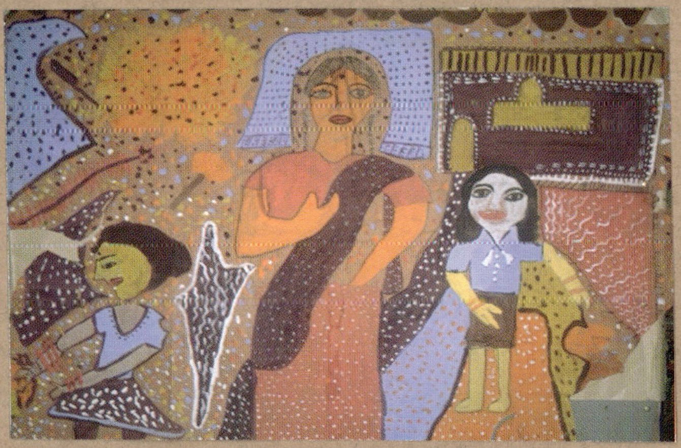

So	Mo	Di	Mi	Do	Fr	Sa
1	2	3	4	5	6	7
8	9	10	11	12	13	14
15	16	17	18	19	20	21
22	23	24	25	26	27	28
29	30	31				

Die Kunstwerke in diesem Buch sind aus der Arbeit mit Kindern entstanden. Das Buch soll jeden zur Beschäftigung mit den Möglichkeiten von Kunst in der eigenen Umgebung anregen.

Auch oder gerade ganz einfache Kunstwerke können durch kreative Präsentation aufgewertet und verwandelt werden. Die Präsentation beinhaltet grundlegend die Kommunikation zwischen Künstler und Betrachter. Darum ist es wichtig, zu überlegen, was wir ausstellen wollen und wie es ausgestellt werden sollte.

Im Allgemeinen macht das Aufziehen auf einen Hintergrund jedes Kunstwerk attraktiver. Dabei sollte dieser jedoch nicht zu mächtig sein und durch seine eigene Gestalt vom Kunstwerk ablenken. Einfaches braunes Packpapier ist billig und wirkt erdverbunden. Ein Hintergrund aus schwarzem Tonpapier kann jedoch ebenfalls sehr beeindruckend sein.

Es lohnt sich, mit kreativen Präsentationsmöglichkeiten zu experimentieren.

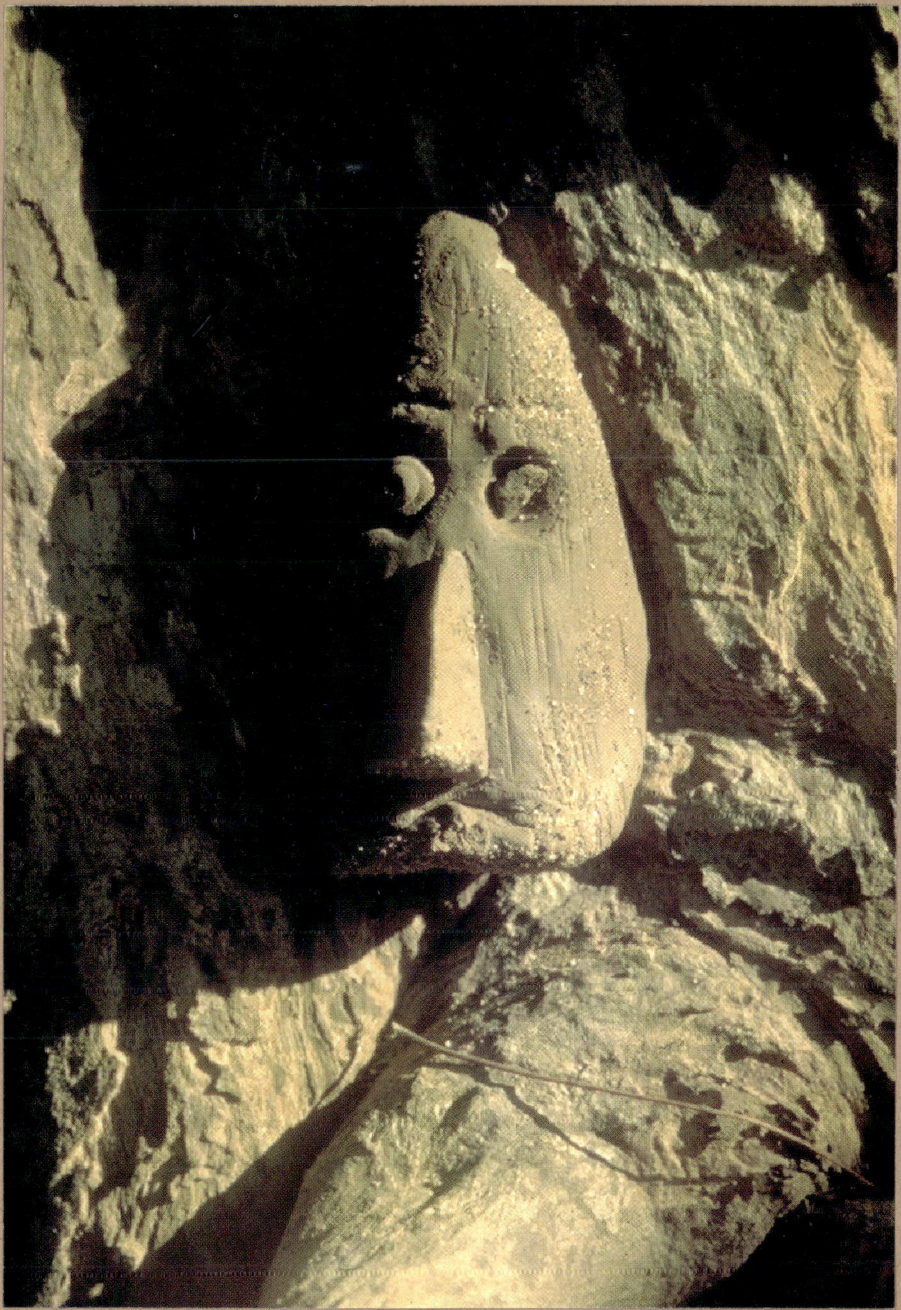

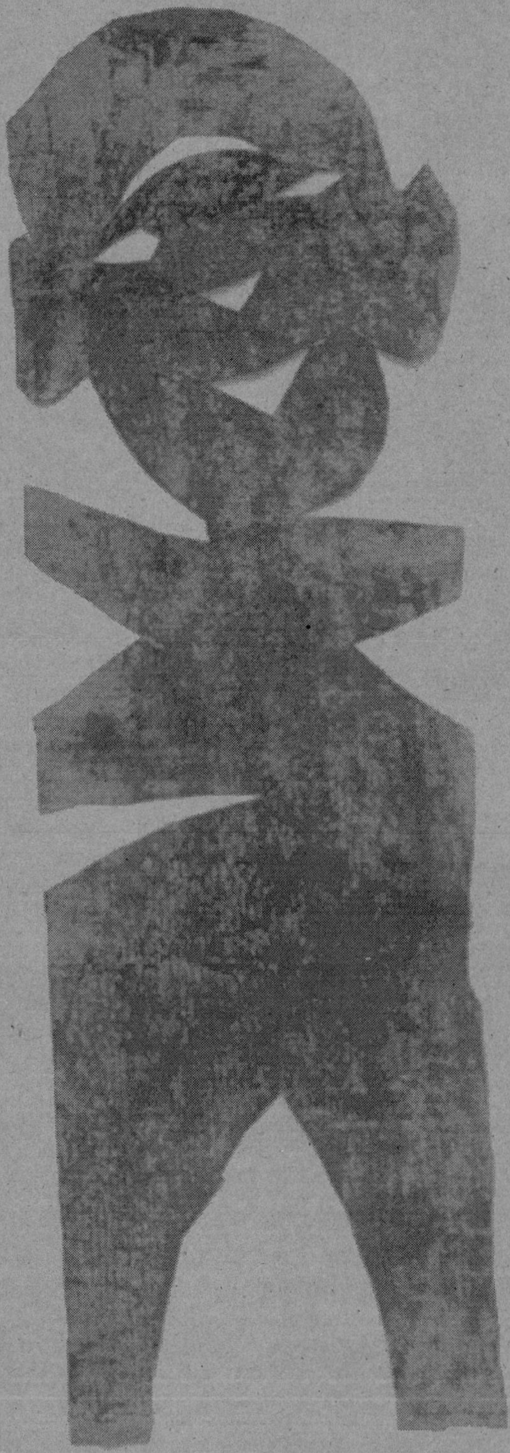